reinhardt

Katrin Baum • Cornelia Deeg

Sich verständlich ausdrücken – Trainingsprogramm

Leserorientiert schreiben lernen

Mit einem Vorwort von Friedemann Schulz von Thun

Mit zahlreichen Abbildungen und Tabellen sowie Online-Material

Ernst Reinhardt Verlag München

Dipl.-Psych. *Katrin Baum*, Hamburg, freiberufliche Kommunikationstrainerin, Coach und systemische Therapeutin, leitet Seminare zu „Gesprächsführung“ und „Kundenorientierte Korrespondenz“.

Dipl.-Psych. *Cornelia Deeg*, Hamburg, arbeitet als Trainerin/Beraterin/Coach und als Journalistin. Ihre Schwerpunkte liegen in den Bereichen Führung, Kommunikation und Change Management.

Bibliografische Information der Deutschen Nationalbibliothek

Die Deutsche Nationalbibliothek verzeichnet diese Publikation in der Deutschen Nationalbibliografie; detaillierte bibliografische Daten sind im Internet über <http://dnb.d-nb.de> abrufbar.

ISBN 978-3-497-02739-2 (Print)
ISBN 978-3-497-60682-5 (PDF)

Printed in Germany

Covermotiv: © julien tromeur/Fotolia (Frösche)
© iStock.com/vichitlamool (Tastatur)
Zeichnungen im Innenteil von Katrin Baum
Satz: Katharina Ehle, Leipzig

Ernst Reinhardt Verlag, Kemnatenstr. 46, D-80639 München
Net: www.reinhardt-verlag.de E-Mail: info@reinhardt-verlag.de

Aha!

Inhalt

Online-Material

Die Checkliste sowie die Übungen aus Teil 3 können Leserinnen und Leser auf der Homepage des Ernst Reinhardt Verlags unter www.reinhardt-verlag.de herunterladen.

Vorwort von Friedemann Schulz von Thun

Ein neues Buch zur Förderung der Verständlichkeit – ich bin entzückt und beglückt! Entzückt, dass unser „Klassiker" von 1974 noch einmal Nachwuchs bekommt! Der Klassiker von Langer, Schulz von Thun und Tausch, ursprünglich mit dem langen Titel „Verständlichkeit in Schulen, Verwaltung, Politik, Wissenschaft – mit einem Selbsttrainingsprogramm zur Darstellung von Lehr-und Informationstexten", hat sich zwar erfreulich als ein Longseller entwickelt (2015 in 10. Auflage unter dem Titel „Sich verständlich ausdrücken" erschienen). Aber er ist ergänzungsbedürftig geworden, um Anschluss zu gewinnen an die moderne Zeit mit ihren vielfältigen Entwicklungen.

Wie war das Grundlagenwerk damals zustande gekommen? Unser Lehrer Reinhard Tausch (1921–2013) war verdrossen, zermürbt und verärgert über die vielen Texte aus Wissenschaft und der Behördenwelt, aus Schulbüchern, von Unternehmen und Zeitschriften, die er nicht verstand: „Wenn ich es als Professor schon nicht verstehe, wie soll es dann ein Normalsterblicher verstehen!?" – Das sei doch gerade die Aufgabe von Textautoren, schwierige Inhalte so zu vermitteln und zu erklären, dass sie in den Kopf eines aufgeschlossenen Lesers oder einer Leserin hineingehen, oder? Aber gut gemeinte Appelle würden nichts ausrichten. Wir bräuchten zunächst zweierlei: Erstens gesichertes Wissen darüber, was Texte verständlich macht. Das sollte Inghard Langer (1943–2013) in seiner Doktorarbeit erforschen. Und zweitens ein Trainingsprogramm für Textautoren, um zu lernen und zu üben, wie man diese erforschten Verständlichmacher verwirklicht – das sollte ich in meiner Doktorarbeit entwerfen und evaluieren. So geschah es und das „Hamburger Verständlichkeitskonzept" mit den vier Faktoren *Einfachheit*, *Gliederung-Ordnung*, *Kürze-Prägnanz* und *zusätzliche Stimulanz* war geboren und wissenschaftlich fundiert. Ich selber war der erste Nutzanwender und habe davon enorm profitiert – die Millionenauflage meines nachfolgenden Buches „Miteinander reden" mag dafür ein Beleg sein.

Seitdem hat sich hierzulande viel getan. Schul- und Lehrbücher sind deutlich verständlicher gestaltet – mit guten Abbildungen (die wir damals nicht untersucht haben) und im Internet mit interaktiven Animationen. Gelegentlich sind sogar Bauanleitungen, Behördenschreiben, Vertragstexte von Versicherungen für Laien und Nichtjuristen nachvollziehbar. Aber noch immer ist hier viel zu tun, immer noch und immer wieder lese ich Artikel in meiner Wochenzeitung, die sich im achten Himmel der gelehrsamen Abstraktion bewegen. Und ich werde genauso verdrossen, zermürbt und verärgert wie damals Reinhard Tausch, wenn ich allenfalls „Bahnhof“ verstehe. Bin ich zu dumm, obwohl inzwischen auch Professor? Oder hatte der Autor mehr als genug damit zu tun, den Text stimmig werden zu lassen für das, was in seinem Kopf vor sich geht – und hatte einfach nichts mehr übrig für die Frage, wie er es hinkriegen kann, den Text für jemanden zu formulieren, der all das nicht im Kopf hat? Dann wird es Zeit, den Didaktiker in ihm (oder in ihr) zu wecken, der eine Einfühlung (kognitive Empathie) entwickelt, was im Kopf des Adressaten vor sich gehen mag. Dann kann er ihm mithilfe der vier Verständlichmacher eine Brücke bauen. Das vorliegende Buch wird ihm oder ihr dabei entscheidend weiterhelfen.

Noch etwas ist geschehen in der Zwischenzeit, etwas ganz anderes: Die Kommunikationspsychologie hat sich weiter entwickelt (Schulz von Thun, „Miteinander reden“ 1-3, 1981, 1989 und 1998). Das Modell vom Kommunikationsquadrat enthält die Erkenntnis, dass jede menschliche Äußerung und jeder Text in Hinblick auf vier gleich wichtige Aspekte gehört, analysiert und kommunikativ gestaltet werden kann – und muss. Und gelingende Kommunikation ergibt sich aus dem Zusammenspiel aller vier Seiten: *Sachinhalt*, *Selbstkundgabe*, *Beziehung* und *Appell*. „Erst quadratisch wird die Sache rund!“ sagen wir heute. Damals (1974) haben wir nur die Verständlichkeit der Sachinformation im Auge gehabt. Aber was ist mit den anderen drei Seiten?

Die Autorinnen des vorliegenden Buches, Katrin Baum und Cornelia Deeg, haben es hier unternommen, die Verständlichkeit von Texten „ins Quadrat“ zu nehmen. Also nicht nur Vorschläge und Übungen für die Darstellung des Sachinhaltes vorzulegen, sondern auch für die Gestaltung der Selbstkundgabe, der Beziehungsansprache und des Appells. Denn ob wir wollen oder nicht, bei der Formulierung eines Textes, zum Beispiel eines Geschäftsbriefes, bringen wir alle vier Saiten (diesmal mit ai geschrieben) zum Klingen. Und ob Sie wollen oder nicht: der Empfänger hört oder liest mit „4 Brillen“, und alles kommt gleichzeitig bei ihm an und landet in seinem Kopf und in seinem Herzen. Damit erweitern die Autorinnen den Anspruch: Es geht nicht mehr nur um die reine Verständlichkeit, sondern auch um den guten Ton. Die Frage „Wie fühle ich mich angesprochen durch die Art, wie du mit mir sprichst?“ kommt jetzt hinzu zu der ursprünglichen Frage „Wie kann ich das kapieren, was du mir vermitteln willst?“

Dafür trifft es sich gut, dass Katrin Baum und Cornelia Deeg vor langer Zeit (1996–2000) die Kommunikationspsychologie bei mir in Hamburg studiert haben und derzeit als Dozentinnen für unser Institut unterwegs sind. Aber nicht nur das, sie haben auch langjährige Erfahrungen mit Trainingsveranstaltungen für Menschen, die in Unternehmen für die Geschäftskorrespondenz zuständig sind. Die Beispiele, mit denen Sie, liebe Leserin, lieber Leser, es in den zahlreichen Übungen zu tun bekommen werden, profitieren von diesem Praxishintergrund. Wahrscheinlich wird es Ihnen ähnlich wie mir ergehen, wenn Sie dieses Buch durcharbeiten: Es macht Spaß, eigene Formulierungen zu probieren – und sie dann anschließend mit den Empfehlungen der Meisterinnen zu vergleichen! Da ergeben sich doch ganz neue Optionen! Vielleicht werden Sie nicht jede Empfehlung wortwörtlich übernehmen wollen, und das wäre gut so und ganz im Sinne der Autorinnen. Denn Kommunikation sollte idealerweise stimmig sein und das heißt: in Übereinstimmung mit dem, der spricht oder schreibt und in Übereinstimmung mit den Besonderheiten des Kontextes, den Sie vor Augen haben. Dieses Gefühl für Stimmigkeit zu schärfen, dies wird sich als unausweichlicher Begleitnutzen dieses Buches erweisen.

Kundig und erfrischend der Text, erhellend und pfiffig die Abbildungen von Katrin Baum – ich bin beglückt, dass ich diesem „Nachwuchs" noch einen herzlichen Willkommensgruß entgegenbringen kann! Und ich darf ahnen, dass für Reinhard Tausch und Inghard Langer die Freude nicht geringer gewesen wäre.

Hamburg, Dezember 2017 Friedemann Schulz von Thun, Prof. em. für Pädagogische Psychologie, Schwerpunkt Beratung und Training am Fachbereich Psychologie der Universität Hamburg

Einleitung

BEISPIEL

Aufgrund des käuflichen Erwerbs dieser Abhandlung wird der Erwerber in die Lage versetzt, zum einen die Formulierung von Schriftstücken so zu bewerkstelligen, dass dessen Rezipient die Inhalte intellektuell erfassen kann, zum anderen wird der Abnehmer dieser Publikation dazu befähigt, die Vigilanz des Adressaten zu erlangen.

Wie kommt dieser Satz bei Ihnen an? Lesen Sie stattdessen:

Herzlichen Glückwunsch! Sie halten gerade ein Buch in den Händen, das Sie motivieren wird, Texte ansprechend und verständlich zu formulieren und die Aufmerksamkeit Ihres Lesers zu wecken.

Was unterscheidet die beiden Sätze voneinander?

Im zweiten Satz werden Sie persönlich angesprochen und Sie erfahren, welchen Nutzen dieses Buch für Sie hat. Beim ersten Satz verlieren Sie vermutlich schnell das Interesse, weiterzulesen. Er wimmelt von umständlichen, bürokratischen Formulierungen und wirkt durch seine Passivkonstruktionen sehr unpersönlich.

Warum ist es so wichtig, beim Schreiben Inhalte klar und prägnant auf den Punkt zu bringen und dabei lebendig zu formulieren?

Jeder Text, jeder Brief und jede E-Mail wirkt wie eine Visitenkarte nach außen. Mit Ihrem Text haben Sie die Chance, aktiv den Kontakt zum Leser zu gestalten und Ihre Inhalte überzeugend zu vermitteln.

Wie häufig haben Sie sich als Leser schon durch unverständliches Bürokratendeutsch gequält und sich gefragt: Was möchte mir der Autor damit sagen? Welchen Nutzen habe ich davon, dass ich den Text lese?

Ziel dieses Buches ist es, dass Sie Anregungen und konkrete Tipps bekommen, wie Sie Ihren Leser persönlich ansprechen können. Denn wenn es Ihnen gelingt, Texte aus Sicht Ihres Lesers zu verfassen, werden Ihre Formulierungen Interesse wecken und besser verstanden.

Grundlage des Trainingsprogramms ist der Bestseller „Sich verständlich ausdrücken“, den unser Ausbilder Professor Friedemann Schulz von Thun gemeinsam mit seinen Kollegen Professor Inghard Langer und Professor Reinhard Tausch vor etwas mehr als vierzig Jahren nach intensiver Forschung zum Thema Verständlichkeit verfasst hat.

Wir haben bei Professor Schulz von Thun studiert und im Jahr 2001 unser Diplom gemacht. Seine Methoden und Modelle prägen unsere tägliche Arbeit als Kommunikationstrainerinnen.

Unser Buch ist eine Ergänzung zu diesem Standardwerk und wird Sie dabei unterstützen, die Kriterien für verständliches Formulieren anhand vieler praktischer Beispiele zu vertiefen.

Im ersten Teil werden Sie hilfreiche kommunikationspsychologische Modelle kennenlernen und erfahren, wie Sie diese beim Schreiben von Texten anwenden können. Zusätzlich zu den vier Verständlichmachern (Langer et al. 2015) lernen Sie das Kommunikationsquadrat (Schulz von Thun 1981) als hilfreiche Methode kennen. Das Kommunikationsquadrat ist das bekannteste Kommunikationsmodell in Deutschland und mittlerweile auch in vielen anderen Ländern bekannt. Schulz von Thuns Theorie der „quadratischen Kommunikation“ wird seit Jahren in der gymnasialen Oberstufe gelehrt und hat Eingang gefunden in zahlreiche berufsvorbereitende und berufsbegleitende Studiengänge. Darüber hinaus gehört es zum Standardwerk in Kommunikationstrainings und hat sich in Seminaren zur Gesprächsführung als äußerst wirksam erwiesen. In unserem Buch werden wir dieses Modell erstmalig auf die schriftliche Kommunikation übertragen.

Im zweiten Teil finden Sie viele Übungen, mit Hilfe derer Sie das Gelernte anwenden können. Das Schöne dabei: Hier gibt es nicht die eine und einzig richtige „Musterlösung“. Denn Kommunikation nach dem Hamburger Verständlichkeitskonzept bietet Ihnen die Möglichkeit, Ihren individuellen Stil zu erhalten und gleichzeitig die Tipps für (noch) verständlichere und lebendigere Formulierungen umzusetzen. Lassen Sie sich gern davon anregen und picken Sie sich die Formulierungen heraus, die für Sie passen. Wir wünschen Ihnen dabei viel Freude!

Zur besseren Lesbarkeit wurde die männliche Form verwendet. Selbstverständlich sind immer sowohl Frauen wie auch Männer gemeint.

1 Kommunikationspsychologische Modelle – Die Theorie

Bevor wir Sie im zweiten Teil dieses Buches dazu einladen, ausgiebig zu üben und über Ihre eigene Kommunikation nachzudenken, möchten wir Ihnen im ersten Teil ein paar Grundlagen vermitteln, damit auch die Leser auf ihre Kosten kommen, die wissen möchten, *warum* etwas *wie* formuliert werden sollte. Zwei anerkannte Modelle bilden das Fundament dieses Buches:

1 Das Kommunikationsquadrat (Schulz von Thun 1981)
2 Die vier Verständlichmacher (Langer, Schulz von Thun & Tausch 2015; 1974 erschienen unter dem Titel „Verständlichkeit in Schule, Verwaltung, Politik und Wissenschaft")

1.1 Das Kommunikationsquadrat

Warum ist das, was der eine sagt, nicht immer das, was beim anderen ankommt? Die Antwort darauf liefert uns das bekannteste Modell der zwischenmenschlichen Kommunikation: das Kommunikationsquadrat von Friedemann Schulz von Thun (1981).

Er beschreibt in seinem Buch „Miteinander reden", dass wir Menschen – ob wir es wollen oder nicht – *immer*, wenn wir etwas von uns geben, gleichzeitig auf vier verschiedenen Ebenen kommunizieren:

1 Sachebene
2 Selbstkundgabeebene
3 Beziehungsebene
4 Appellebene

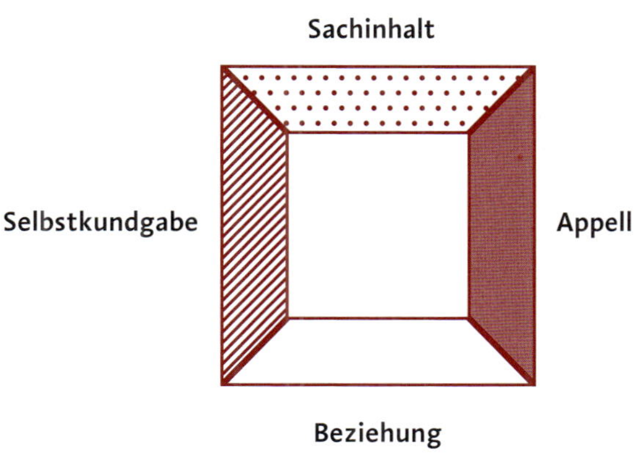

Abbildung 1: Das Kommunikationsquadrat (nach Schulz von Thun 1981)

Genauso, wie der Sender auf vier Kanälen senden kann, kann der Empfänger die Botschaft mit vier unterschiedlichen „Ohren“ hören.

Abbildung 2: Die vier Ohren des Empfängers

Sagt beispielsweise ein Mann zu seiner Frau: „Was ist das Grüne in der Suppe?“, so kann die Frau diese Aussage auf vier verschiedenen Ebenen hören.

Was kommt bei Ihnen an, wenn Sie gekocht haben und von Ihrem Partner die Frage hören: „Was ist das Grüne in der Suppe?“? Was hören Sie zwischen den Zeilen heraus?

Bitte notieren Sie spontan Ihre ersten Interpretationen:

Was haben Sie „gehört"?

Sachebene: Möglicherweise hören Sie die Frage des Partners rein sachlich. Dann wäre eine sachliche Reaktion passend wie „Das ist Petersilie." oder „Das ist Basilikum."

Selbstkundgabeebene: Vielleicht hören Sie jedoch auch heraus, dass es dem Mann nicht schmeckt. Das heißt, er hätte auch sagen können: „Ich mag das Grüne nicht." In dem Fall hören Sie, was der Sender mit seiner Aussage über sich selbst sagt, wie es ihm geht. Selbstverständlich kann es auch positiv gemeint sein, wie: „Mir schmeckt das sehr gut." oder „Ich habe Lust, das auch mal zu kochen".

Beziehungsebene: Vielleicht hören Sie in der Frage auch eine Aussage des Mannes darüber, wie er zu Ihnen steht und was er von Ihnen hält. Dies könnte sein: „Du bist eine gute Köchin." Oder aber: „Du kannst nicht kochen".

Appellebene: Zuletzt ist es auch möglich, Aussagen als Appell aufzufassen, nach dem Motto: „Bitte lass das Grüne in Zukunft weg!", „Mach mir doch mal wieder ein Steak!" oder „Koch gern öfter mit Kräutern!".

Warum ist unsere Kommunikation häufig so kompliziert und störanfällig? Warum kommt es so oft zu Missverständnissen? Warum streiten wir uns, wenn doch auf der Sachebene alles meist ganz klar zu sein scheint?

Antworten liefert das Kommunikationsquadrat, wie in Abbildung 3 zu sehen ist. Denn mit *jedem* gesprochenen Satz, mit *jedem* Verhalten, mit *jeder* körpersprachlichen Äußerung teilen wir – ob wir es wollen oder nicht – unserem Empfänger *immer* auf allen vier Ebenen etwas mit. Auch unser Empfänger wird ebenfalls – ob er es will oder nicht – die Aussage auf einem oder sogar mehreren der vier verschiedenen Kanäle hören. Daher ist das, was einer sagt, so selten das, was beim anderen ankommt.

In der mündlichen Kommunikation kann es zum Beispiel auch zu Störfällen kommen, wenn der Konflikt eigentlich auf der Beziehungsebene liegt (die Frau fühlt sich nicht wertgeschätzt), beide Gesprächspartner jedoch (scheinbar) auf der Sachebene miteinander sprechen. Eine Antwort in genervtem Tonfall („Koch doch selber, wenn es dir nicht schmeckt.") kann dann dazu führen, dass plötzlich eisiges Schweigen am Esstisch herrscht.

Jede Aussage ist auf vierfache Weise wirksam. Sie beinhaltet immer

- eine Sachinformation (worüber ich informiere),
- eine Selbstkundgabe (was ich von mir zu erkennen gebe),

- einen Beziehungshinweis (was ich von dir halte und wie ich zu dir stehe) und
- einen Appell (was ich bei dir erreichen möchte).

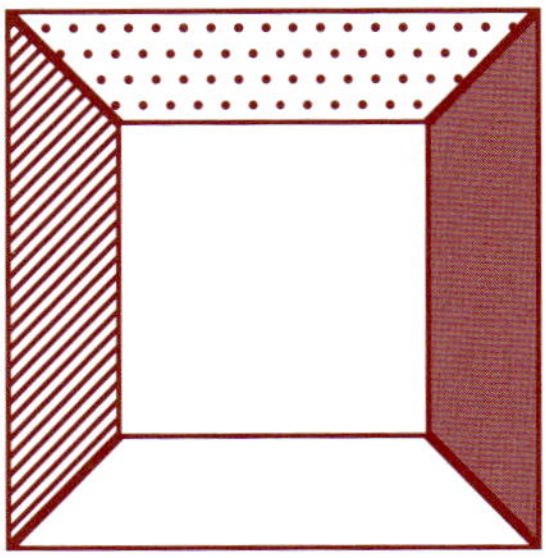

Abbildung 3: Das Kommunikationsquadrat zu der Frage „Was ist das Grüne in der Suppe?" (nach Schulz von Thun 1981)

Vertiefte Informationen zum Kommunikationsquadrat finden Sie im Buch „Miteinander reden" (Schulz von Thun 1981).

Bei der Kommunikation ist außerdem immer entscheidend, was beim Empfänger ankommt! Dem Verhaltensforscher und Nobelpreisträger Konrad Lorenz (1903 – 1989) wird die Aussage zugeschrieben, es gäbe sechs Stufen des Verstehens in der Kommunikation:

1. Gemeint ist noch nicht gesagt.
2. Gesagt ist noch nicht gehört.
3. Gehört ist noch nicht verstanden.
4. Verstanden ist noch nicht einverstanden.
5. Einverstanden ist noch nicht angewendet.
6. Angewendet ist noch nicht beibehalten.

Auf jeder dieser Stufe kann der Sender seinen Empfänger verlieren. Auf unser Beispiel übertragen bedeutet dies:

Gemeint ist noch nicht gesagt: In unserem Beispiel drückt der Mann seine Aussage so aus, als sei sie rein sachlich gemeint. Selbstverständlich können Mimik, Gestik und Tonfall Hinweise darauf geben, ob über die Sachebene hinaus auf einer der anderen drei Ebenen etwas „quer" liegt. Die Wortwahl des Mannes jedoch ist so gewählt, als handele es sich um eine rein sachliche Frage.

Aber ist sie das wirklich? Wir wissen es nicht. Vielleicht möchte der Mann ja in Wirklichkeit seine Frau kritisieren oder loben oder aber an sie appellieren. Allein die Tatsache, dass er sich sachlich ausdrückt, bedeutet nicht, dass er es auch sachlich meint.

Gesagt ist noch nicht gehört: Im zweiten Schritt muss der Empfänger das Gesagte auch hören. Das heißt: Hört die Frau ihm wirklich zu und spricht er laut genug, dann wird die Frage „Was ist das Grüne in der Suppe?" auch auf ihr Ohr treffen. Fragt sich nur, auf welches Ohr. Damit kommen wir zum nächsten Schritt.

Gehört ist noch nicht verstanden: Selbst wenn wir davon ausgehen, dass der Mann seine Aussage so sachlich meint, wie er es sagt und dass seine Frau diese Frage Wort für Wort hört, wissen wir noch nicht, was seine Frau *genau* hört. Wie *versteht* sie seine Frage?

Vielleicht möchte er wirklich nur eine sachliche Antwort bekommen, da er einen Informationsbedarf hat. Dann wäre eine Antwort wie „Das ist Basilikum." passend.

Möglicherweise hört die Frau jedoch auf einem anderen „Ohr" und fühlt sich angegriffen. Auch wenn die Worte klar bei ihr ankommen, hört sie möglicherweise Kritik heraus: „Du kannst nicht gut kochen." Oder einen Appell: „Koch mal mit mehr Fleisch!".

Verstanden ist noch nicht einverstanden: Nehmen wir mal an, der Mann wollte mit seiner Aussage die Frau dazu bewegen, das Grüne in Zukunft wegzulassen und anstelle dessen häufiger Fleisch zu kochen. Nehmen wir zusätzlich an, seine Frau hat auf allen bisherigen Stufen genau das verstanden, was ihr Mann ihr mitteilt. Das heißt, sie hört es als Appell: „Lass das Grüne in Zukunft weg und koche mehr Fleisch!". Dann heißt das noch lange nicht, dass sie damit *einverstanden* ist. Vielleicht widerspricht sie seinem Wunsch vehement.

Einverstanden ist noch nicht angewendet: Selbst wenn sie einverstanden wäre mit dem Wunsch ihres Mannes, heißt es noch nicht, dass sie dem Appell auch folgt. Vielleicht denkt sie sich: „Ach, er hat recht. Ich kann ja auch mal nach seinem Geschmack kochen und nicht immer nur nach meinem". Das heißt noch nicht, dass sie sich beim nächsten Kochen daran erinnert und nach seinen Wünschen kocht.

Angewendet ist noch nicht beibehalten: Selbst wenn sie seinen Appell richtig versteht und beim nächsten Kochen umsetzt, bedeutet dies noch nicht, dass sie dieses Verhalten auch beibehält. Ein paar Wochen später kommt dasselbe Thema vielleicht wieder „auf den Tisch".

Merken Sie, wie kompliziert unsere Kommunikation häufig ist? Auf allen sechs Stufen besteht die Gefahr, dass der Empfänger etwas anders versteht, als der Sender es gemeint hat. Obwohl wir im Gespräch zusätzliche Informationsquellen haben, wie zum Beispiel die Körpersprache, Mimik, Gestik oder den Tonfall. Wenn wir schriftlich kommunizieren, wird die Sache nicht leichter. Denn dann fehlen uns diese sogenannten „non-verbalen" Informationen und unser Leser sieht nur das, was schwarz auf weiß geschrieben steht.

„Quadratisch schreiben" – Das Besondere in der schriftlichen Kommunikation

Wie gesagt: In der mündlichen Kommunikation können wir vieles auch am Tonfall oder an der Körpersprache ablesen, wenn wir die Aussagen unseres Gegenübers entschlüsseln. Diese Zusatzinformationen fehlen uns, wenn wir schriftlich kommunizieren. Darüber hinaus können wir nicht so schnell auf unseren Gesprächspartner reagieren wie in der mündlichen Kommunikation. Geschrieben hat die Kommunikation Gewicht und lässt dem Empfänger einen großen Interpretationsspielraum.

Daher ist es beim Schreiben besonders wichtig, die eigenen Inhalte auf den Punkt zu bringen und dabei die Aufmerksamkeit des Lesers zu fesseln. Sie sollten sich im Klaren sein: Was ist mein Ziel? Was und wen möchte ich erreichen? Es kommt vor allem auf zweierlei an:

- Texte verständlich zu verfassen, damit der Leser den Inhalt nachvollziehen kann und weiß, was er zu tun hat (Sach- und Appellebene im Kommunikationsquadrat; Abbildung 4)
- Texte so zu formulieren, dass der Leser sich persönlich angesprochen und wertgeschätzt fühlt und gleichzeitig den eigenen Bezug zum Thema deutlich werden lassen, damit der Text authentisch und interessant wirkt (Beziehungs- und Selbstkundgabeebene; Abbildung 5).

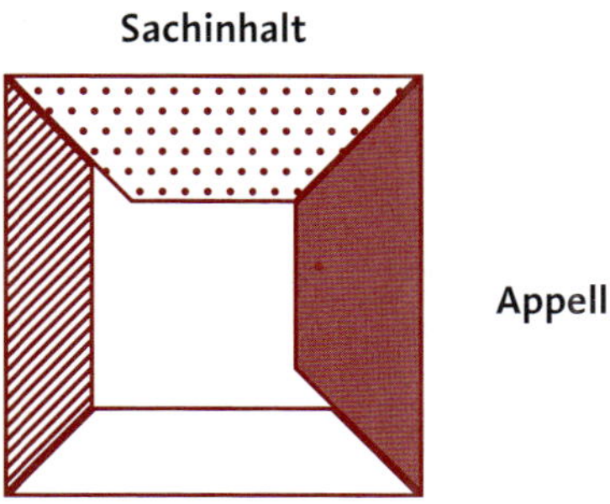

Abbildung 4: Verständlich schreiben und klare Appelle formulieren

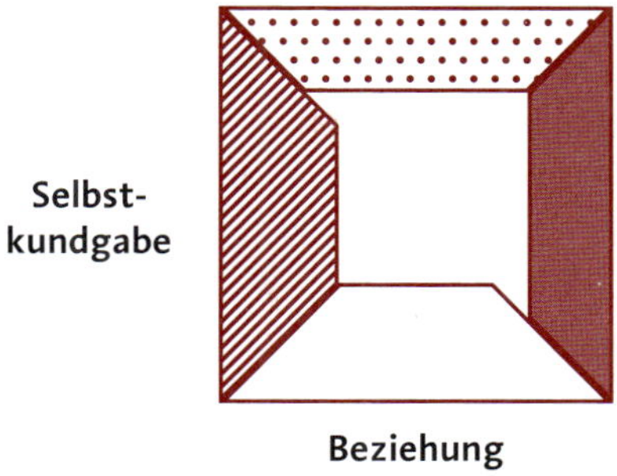

Abbildung 5: Persönlich und wertschätzend schreiben

Kurzum: Der Leser soll das Gefühl erhalten, dass er *seinen* Text liest und *nicht irgendeinen* Text.

Wie erreichen Sie Ihren Leser?

Um die Aufmerksamkeit Ihres Lesers zu wecken, sollten Sie alle vier Seiten der Kommunikation beim Schreiben Ihres Textes berücksichtigen.

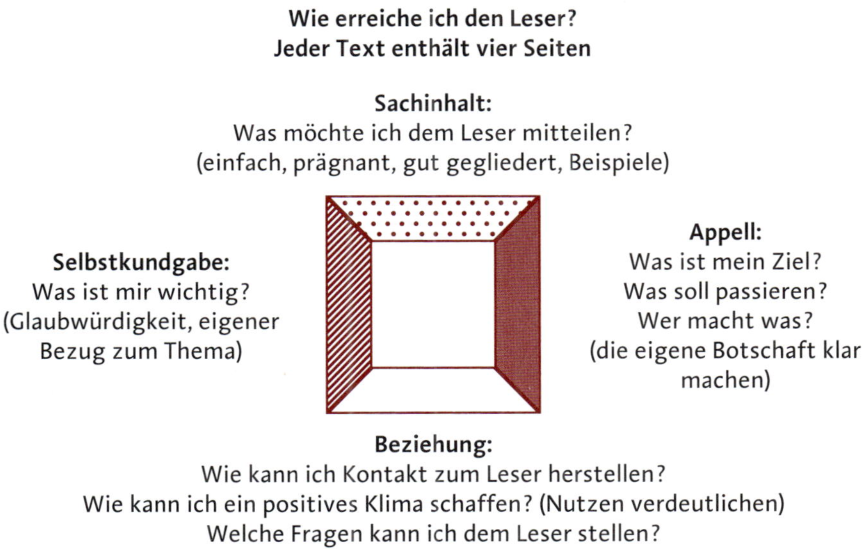

Abbildung 6: Quadratische Korrespondenz (nach Schulz von Thun 1981)

Sachinhalt

Was möchten Sie dem Leser mitteilen? Damit der Leser Ihren Text versteht, sollte dieser einfach formuliert, gut gegliedert, prägnant und ansprechend sein. Dies sind in Kurzform die vier Verständlichmacher, die wir Ihnen noch erläutern werden.

Es ist wichtig, dass Sie die Kernpunkte Ihres Themas im Kopf haben und sich nicht in Details verlieren. Ganz entscheidend ist auch die Wortwahl – die Einfachheit. Wenn Sie in Ihrem Thema Experte sind, Ihr Leser jedoch nicht, wählen Sie bitte Worte, die er auch versteht. Das heißt: Fachbegriffe sollten Sie vermeiden oder erklären. Wörter, die Ihnen selbstverständlich erscheinen, sind für Ihren Leser vielleicht „Fachchinesisch". Mit unverständlichen Begriffen nehmen Sie sich selbst die Chance, die Aufmerksamkeit Ihres Lesers zu wecken. Manch einer mag vielleicht stolz darauf sein, dass er als Experte mit bestimmten Fachwörtern spielend umgeht. Manche Berufsgruppen haben eine extra schwer verständliche Sprache entwickelt, die der „Laie" nicht verstehen kann. Sie leben sozusagen in ihrer eigenen Sprach-Welt.

Wenn Sie jedoch möchten, dass Ihr Text mit Interesse gelesen wird, sprechen Sie Ihren Leser mit genau den Worten an, die er kennt.

Selbstkundgabe

„Was ist mir wichtig? Was ist mein persönlicher Bezug zum Thema?" Wenn Ihre Antworten auf diese Fragen für den Leser im Text deutlich werden, wirkt Ihr Text glaubwürdiger und ansprechender.

TIPP

Bringen Sie eigene Beispiele mit ein. Welche Erfahrungen haben Sie persönlich mit dem Thema gemacht? Was hat Ihnen geholfen, was dem Leser auch helfen könnte?

Beziehung

Wie können Sie Kontakt zum Leser herstellen? Besonders geeignet sind anschauliche Beispiele, mit denen der Leser etwas anfangen kann und zu denen er einen persönlichen Bezug hat. Welchen *Nutzen* hat der Leser davon, dass er Ihren Text liest? Diese Frage vernachlässigen viele Menschen beim Schreiben, obwohl sie besonders wichtig ist. „Was heißt das für mich?" wird sich jeder Leser fragen. Daher tun Sie gut daran, wenn Sie diese Frage gleich zu Beginn Ihres Textes beantworten können.

„Damit Sie Ihr Produkt möglichst zügig erhalten, teilen Sie uns bitte XY mit“. In diesem Satz kommt der Nutzen, den der Leser hat, sehr viel klarer rüber, als wenn Sie schreiben: „Es fehlen uns noch Informationen über XY. Ohne XY können wir nicht…“. In einem Schreiben des Reinbeker Bürgerbüros heißt es:

> „Um Ihnen unnötige Wege zu ersparen, möchten wir Sie bereits heute darüber informieren, welche Unterlagen bei der Beantragung Ihres neuen Dokuments vorzulegen sind: …“.

Hier spürt der Leser: Da hat sich jemand Gedanken gemacht (auch wenn der Weichmacher „möchten“ verwendet wird; vgl. S. 87 ff.). Der Autor erspart mir unnötige Wege und damit kostbare Lebenszeit. Die Beziehung wird direkt positiv aufgewertet.

Zusätzlich zum Nutzen kommt es auf der Beziehungsebene darauf an, Ihren Leser persönlich und wertschätzend anzusprechen und für ein gutes Klima zu sorgen. Viele Formulierungen klingen „von oben herab“, wie zum Beispiel: „Wir weisen Sie ausdrücklich darauf hin, dass …“. Schreiben Sie stattdessen: „Bitte beachten Sie: …“, haben Sie den Leser direkt (mit „Sie“) angesprochen und somit Ihren Appell klar und dennoch freundlich formuliert. Der Leser wird darauf vorbereitet, dass nun etwas Wichtiges kommt, und fühlt sich gleichzeitig persönlich angesprochen und wertgeschätzt.

Appell

Wozu wollen Sie Ihren Leser bewegen? Was soll er tun? Möchten Sie ihn informieren, schulen, Entscheidungen vorantreiben? Wollen Sie ihn von Ihrer Meinung überzeugen? All das macht den Appellcharakter Ihres Textes aus.

Häufig werden Appelle verdeckt und daher unklar geäußert. Lesen Sie beispielsweise folgenden Satz: „Ohne die Rechnung können wir den Sachverhalt nicht bearbeiten“. Wissen Sie, was Sie zu tun haben? Fühlen Sie sich zur Tat aufgefordert? Sie können sich vielleicht denken, was von Ihnen erwartet wird. Viel klarer wird es jedoch, wenn Sie stattdessen lesen: „Bitte senden Sie uns die Rechnung, damit wir Ihnen den Betrag erstatten können“.

Klare Appelle erleichtern das Leben auf beiden Seiten. Wenn der Empfänger genau weiß, was er zu tun hat, wird er auch eher tätig werden.

„Quadratisch lesen" – Die vier Brillen des Lesers

Abbildung 7: Vier Brillen des Lesers

Schulz von Thun (1981) hat in seinem Werk „Miteinander Reden 1" ausgiebig den „vierohrigen Empfänger" dargestellt. Er betont die „freie Auswahl" des Empfängers. Denn: Entscheidend ist immer, was beim Empfänger ankommt. Der Empfänger kann auf allen vier Ohren hören, und wir Menschen neigen zu „einseitigen Empfangsgewohnheiten". So ist die ankommende Nachricht ein „Machwerk des Empfängers" (Schulz von Thun 1981, 45 ff.). Das gleiche gilt natürlich auch für das geschriebene Wort. Der Leser kann den Text mit vier Brillen – oder einer Mischung daraus – lesen. Je nachdem, welche Brille er aufhat, wird er Ihren Text unterschiedlich deuten.

Um die Theorie der vier Brillen etwas anschaulicher zu machen, haben wir einen konkreten Text aus dem wahren Leben für Sie herausgesucht. Die Situation: Eine Kundin hat (versehentlich) die Portokosten von ihrer Gesamtrechnung abgezogen.

BEISPIEL

Sehr geehrte Frau Maier,

wir konnten heute Ihre Zahlung verbuchen. Dabei mussten wir feststellen, dass Sie selbstständig den Betrag der Lieferkostenpauschale von 3,95 € von der Rechnung abgezogen haben. Das ist sehr enttäuschend für uns als Firma, die sich jahrelang stets um Kundenfreundlichkeit und schnelle Lieferungen bemüht hat. Bei tatsächlichen Lieferkosten von 25 € für einen Rosenbogen ist der Ihnen berechnete Betrag wirklich nicht viel! Wir werden Ihnen aus Kulanz den Betrag nicht noch einmal in Rechnung stellen, da der Aufwand hierfür größer wäre als das Ergebnis, aber ungesagt sollte es deswegen trotzdem nicht bleiben.

Mit freundlichen Grüßen
Mathilde Burger
Firma Flower Charme

! Entscheidend ist, was beim Empfänger ankommt

So können die Interpretationen der E-Mail durchaus unterschiedlich sein. Der eine wird vermutlich sagen: „Alles klar, das habe ich verstanden“. Ein anderer wird sich angegriffen fühlen, weil ihm unterstellt wird, dass er die Lieferkostenpauschale in Höhe von 3,95 € mit Vorsatz abgezogen hat, obwohl dies gar nicht der Fall war. Auch in unseren Interpretationen mit den vier Brillen bitten wir Sie zu beachten, dass es sich nur um Vorschläge handelt, wie diese Nachricht verstanden werden kann. Es gibt an dieser Stelle kein *richtig* oder *falsch*. Das Spannende in der menschlichen Kommunikation ist ja gerade der Interpretationsspielraum.

Daher laden wir Sie schon an dieser Stelle einmal zur aktiven Mitwirkung ein: Bitte notieren Sie ganz spontan, was bei Ihnen aus Sicht des Kunden ankommt, wenn Sie die E-Mail der Firma Flower Charme lesen.

Fühlen Sie sich wie König Kunde? Wir gehen der Sache auf den Grund.

Die Sach-Brille

Abbildung 8:
Die Sach-Brille

Sie bitte zuerst: Wenn Sie als Leser diesen Text mit der „Sach-Brille" lesen, d. h. die reine sachliche fachliche Information herauslesen, was ist für Sie dann die wesentliche Botschaft?

____

____

____

____

Wenn der Leser die E-Mail mit der Sach-Brille auf der Nase liest, wird er vermutlich so etwas lesen wie: „Die Zahlung ist eingegangen. Das Porto nicht".

Die Selbstkundgabe-Brille

Abbildung 9:
Die Selbstkundgabe-Brille

Wenn Sie als Leser diesen Text mit der „Selbstkundgabe-Brille" lesen, d. h. die Information herauslesen, mit denen der Schreiber etwas über sich selbst aussagt, was ist für Sie dann die wesentliche Botschaft?

Wenn der Leser die Mail mit der Selbstkundgabe-Brille auf der Nase liest, wird er vermutlich so etwas lesen wie: „Die Mitarbeiterin der Firma Flower Charme ist enttäuscht von mir und verärgert. Sie bemüht sich um einen guten Service und gibt immer alles und der Kunde dankt es ihr nicht, im Gegenteil. Das findet sie ungerecht".

Die Beziehungs-Brille

Abbildung 10:
Die Beziehungs-Brille

Sie bitte wieder zuerst: Wenn Sie als Leser diesen Text mit der „Beziehungs-Brille“ lesen, d. h. die Information herauslesen, mit der der Schreiber ausdrückt, was er von Ihnen hält und wie er zu Ihnen steht, was ist für Sie dann die wesentliche Botschaft?

Wenn der Leser die E-Mail mit der Beziehungs-Brille auf der Nase liest, wird er vermutlich so etwas lesen wie: „Der Kunde (also ich) ist undankbar und unverschämt. Er hat einfach so die Portokosten abgezogen und sieht nicht, dass wir da doch schon drauf zahlen. Auch wenn ich das Geld am Ende nicht bekomme, so möchte ich ihm doch wenigstens meine Meinung sagen. Er soll ruhig wissen, wie verärgert ich über sein Verhalten bin“.

Die Appell-Brille

Abbildung 11:
Die Appell-Brille

Sie bitte wieder zuerst: Wenn Sie als Leser diesen Text mit der „Appell-Brille" lesen, d.h. die Information herauslesen, mit der der Schreiber etwas beim Leser erreichen möchte, was ist für Sie dann die wesentliche Botschaft?

Wenn der Leser die Mail mit der Appell-Brille liest, wird er vermutlich so etwas lesen wie: „Schäm Dich, du undankbarer Kunde!". Er kann auch herauslesen „Überweise den ausstehenden Betrag, wenn du auch nur ein bisschen Anstand besitzt".

Wie bereits gesagt, ist die ankommende Nachricht ein „Machwerk des Empfängers“ (Schulz von Thun 1981). Mit welcher Brille haben Sie die Nachricht ganz spontan gelesen?

- mit der Sach-Brille
- mit der Selbstkundgabe-Brille
- mit der Beziehungs-Brille
- mit der Appell-Brille

Wichtig ist uns zu betonen: Alle Brillen sind völlig legitim. Alle haben ihre Berechtigung und sind in jedem Leser vorhanden. Es gibt keine bessere oder schlechtere Brille. Von selbst versteht sich, dass Sie Sachtexte aus Fachmagazinen eher mit der Sach-Brille lesen sollten und persönliche Briefe eher mit der Beziehungs-Brille. Darüber hinaus tun Sie manchmal gut daran, sich die „Selbstkundgabe-Brille“ aufzusetzen und sich bei einzelnen Bemerkungen die Frage zu stellen: Bin tatsächlich ich gemeint? Oder sagt der Schreiber damit vielmehr etwas über sich selbst aus? Als Leser haben Sie die Wahl, welche Brille Sie aufsetzen. Gleichermaßen hat der Leser *Ihrer* Texte die Wahl, welche Brille *er* aufsetzt. Daher sollten Sie in Ihren Formulierungen einfach, klar, kurz, anregend und möglichst unmissverständlich sein. Das ist genau die Brücke zu den Verständlichmachern, die wir Ihnen im nächsten Kapitel vorstellen werden.

Die Kundin aus dem wahren Leben unseres Beispiels hat übrigens mit einer Mischung aus Beziehungs- und Appell-Brille gelesen. Sie hat sich einerseits über die Unterstellung sehr geärgert, sie habe die Portokosten absichtlich vom Gesamtrechnungsbetrag abgezogen. Denn es handelte sich wirklich um ein Versehen. Zum anderen konnte sie die Verärgerung und die Not eines kleinen Einzelhändlers auch nachvollziehen und hat den ausstehenden Betrag tatsächlich noch überwiesen. Der folgende E-Mail-Verkehr beendete den kleinen Disput:

Antwort der Kundin Maier:

BEISPIEL

Sehr geehrte Frau Burger,

die 3,95 € habe ich eben überwiesen. Ihre Mail hat mich sehr verärgert, da es sich hier um ein Versehen handelte und nicht um böse Absicht, wie Sie mir unterstellen.

Beste Grüße, Anja Maier

Antwort der Mitarbeiterin der Firma Flower Charme:

BEISPIEL

Sehr geehrte Frau Maier,

vielen Dank. Das freut uns sehr. Da es *genau* der Betrag der Versandkosten war, war es für uns nicht ersichtlich, dass es nur ein Versehen war. Somit ist ja nun alles gut.

Freundliche Grüße und ein schönes Wochenende, Mathilde Burger

Ob nun wirklich „alles gut" ist, wird wohl die Kundin entscheiden. Wie oft werden Kunden unnötig verärgert? Wenn jeder Mitarbeiter vor Augen hätte, wie teuer es ist, einen Kunden zu verlieren und einen neuen Kunden zu gewinnen, würde man seine Worte sicher oft mit mehr Bedacht wählen. Folgender Merksatz mag dabei helfen:

!

„Willst du Recht haben oder jemanden für dich gewinnen?"

Geht es Ihnen als Sender darum, Recht zu haben / behalten, oder wollen Sie an der tragfähigen Kundenbeziehung festhalten? Denn: Am Ende des Tages zahlt der Kunde Ihr Gehalt. Formulieren Sie Ihre Schreiben so, dass der Empfänger sie mit großer Wahrscheinlichkeit mit der Sach-Brille lesen wird. Ergänzen Sie dann die Informationen um wertschätzende Worte, die der Leser durch die Beziehungs-Brille lesen wird. Wie das gelingen kann? Oft ist der einfachste Weg, den *Vorwurf als freundlich formulierte Frage* zu stellen. Viele Firmen sind daher auch dazu übergegangen, die erste Mahnung mit einer fragenden Haltung zu versenden, zum Beispiel:

BEISPIEL

Sehr geehrter Herr Schulze,

vielen Dank für Ihre Bestellung bei Firma XY. Wir hoffen, Ihr Einkauf bei uns hat Ihnen gefallen.

Kann es sein, dass unsere Rechnung im Trubel des Alltags untergegangen ist? Bislang ist der Betrag von …€ noch nicht auf unserem Konto eingegangen. Bitte überweisen Sie bis zum … auf unser Konto Y.

Aus unserer Sicht klingt diese Zahlungsaufforderung freundlich, sachlich, verständnisvoll und bestimmt. Diese Nachricht wird der Leser mit der Sach- und Appell-Brille lesen und das Geld überweisen. Außerdem wird er vermutlich die positiven Signale mit der Beziehungs-Brille lesen, so dass er dankbar für die Zahlungserinnerung ist.

Ein anderes Unternehmen legt die gleiche Haltung an den Tag:

BEISPIEL

Sehr geehrte Frau Müller,

in der Hektik des Alltags kann schnell etwas in Vergessenheit geraten: Gern erinnern wir Sie daher an die unten aufgeführte Rechnung, deren Zahlung noch ausstehend ist. Bitte überweisen Sie den fälligen Betrag bis zum 27.07.2017 auf unser Konto: (...)

Mit der Beziehungs-Brille wird der Leser das Verständnis herauslesen, das die Firma für ihn hat: die Hektik des Alltags. „Tatsächlich, die Rechnung ist mir durchgerutscht“, wird er vielleicht lesen und schnell den ausstehenden Betrag überweisen. Hauptsache, das Ziel ist erreicht. Sie möchten an Ihr Geld kommen und Sie möchten weiterhin Ihren Kunden an Ihr Unternehmen binden.

Gleiches gilt übrigens auch für die private Korrespondenz. Jeder möchte wertgeschätzt und gemocht werden. Niemand wünscht ungefragte Belehrungen oder Verurteilungen. Im Privaten können wir uns eher merken:

! „Willst du Recht haben – oder deine Ziele erreichen?“

Das übergeordnete Ziel heißt dann wohl meistens: eine stabile Beziehung – Freundschaft, Partnerschaft, Bekanntschaft usw.

Da kann ich mir im Vorfeld überlegen, was ich wirklich schreiben „muss“, was ich vielleicht auch weglasse oder auch nur auf der Tonspur sagen werde. Wenn Sie Ihr Ziel stets vor Augen haben, werden Sie ein gutes Gespür dafür haben oder entwickeln, was Sie wie formulieren sollten.

Wer kennt das nicht? Sie rufen nach längerer Zeit wieder einmal bei Ihren (Schwieger-)Eltern an, freuen sich auf das Telefonat und die erste Entgegnung am anderen Ende der Leitung lautet: „Na, von dir haben wir ja ewig nichts gehört". Wäre es nicht viel zielführender, einfach zu sagen: „Schön, dass du dich meldest, da freue ich mich"?

Ähnlich könnte es in der schriftlichen Kommunikation lauten:

BEISPIEL

Lieber Paul,

da du ja nie an dein Telefon gehst, schreibe ich dir eben eine E-Mail und bitte dich auf diesem Wege, dich bei mir zu melden.

Gruß Paula

Wenn Paula jedoch möchte, dass Paul sich in guter Stimmung bei ihr meldet, sollte sie den indirekten Vorwurf „da du ja nie an dein Telefon gehst" einfach weglassen.

Wir sollten öfter bedenken, was uns das Recht-haben-Wollen kostet und wie viel friedlicher die zwischenmenschliche Kommunikation wird, wenn wir konstruktiv und zielgerichtet formulieren.

Fazit: Vier Fragen, denen Ihr Text standhalten muss

Sie haben nun die „quadratische" Kommunikation kennengelernt und erfahren, wie unterschiedlich ein Text auf Ihren Leser wirken kann, je nachdem, welche Brille Ihr Leser gerade aufsetzt.

Kurz zusammengefasst gibt es aus der Sicht des Lesers vier Fragen, denen Ihr Text standhalten muss:

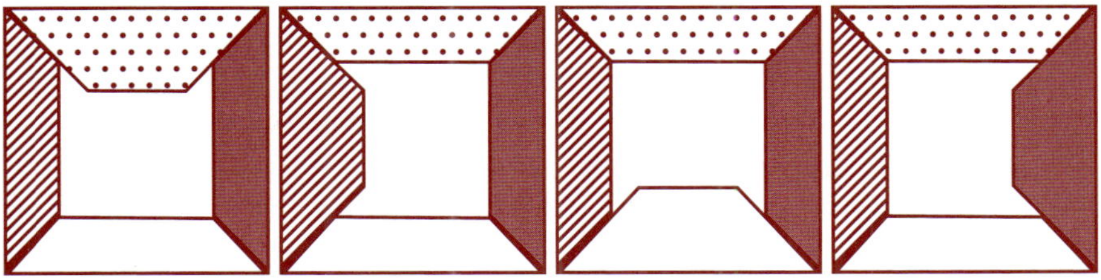

Kann Ihr Leser den Text verstehen?	Weiß Ihr Leser, wie Sie selbst zu dem Thema stehen und was Ihnen wichtig ist?	Fühlt Ihr Leser sich persönlich angesprochen und wertgeschätzt?	Weiß Ihr Leser, was er tun soll oder was Sie ihm empfehlen?

Abbildung 12: Kommunikationsquadrat mit den vier verschiedenen Gewichtungen

Wenn Sie diese Fragen beim Verfassen Ihres Textes beantworten können, haben Sie viel für eine gute Verständlichkeit und für eine gute Beziehung zu Ihrem Leser getan.

1.2 Die vier Verständlichmacher

Nun möchten wir die Verständlichkeit genauer unter die Lupe nehmen. Ein hilfreiches Modell hierfür bieten die vier Verständlichmacher. Wir beziehen uns im Folgenden auf das Grundlagenwerk „Sich verständlich ausdrücken" von Langer und Kollegen (2015). In jahrelangen Studien haben sie erforscht, was einen Text verständlich macht. Es sind genau vier Kriterien, die gute Texte von schlechten unterscheiden:

1 Einfachheit
2 Gliederung / Ordnung
3 Kürze / Prägnanz
4 Anregende Zusätze

Was darüber hinaus wichtig ist, ist die persönliche innere Haltung des Verfassers: Möchten Sie (wirklich), dass Ihr Gegenüber Sie versteht? Begegnen Sie ihm mit Wertschätzung und fühlen Sie sich in seine Gedankenwelt ein?

Sprechen Sie Ihren Leser mit genau den Worten an, die er kennt und die sein Interesse wecken.

> ! „Das Essen muss dem Gast schmecken – nicht dem Kellner!"

Ihr Gegenüber, der Empfänger, soll verstehen, was Sie sagen. Bekanntlich ist bei der Kommunikation entscheidend, was beim anderen ankommt. Auf dem Weg von der Idee im Kopf des Senders bis in den Kopf des Empfängers gibt es, wie bereits erwähnt, nach Lorenz sechs Stufen. Daher kommt es so häufig zu Missverständnissen.

Umso wichtiger ist es, sich möglichst verständlich auszudrücken. So sichern Sie zumindest ab, dass Sie das, was Sie meinen und beabsichtigen, auch verständlich in Worte fassen. Dadurch erhöht sich die Chance, dass Sie Ihre Ziele erreichen.

Abbildung 13: Die vier Verständlichmacher

Wie hängen die vier Verständlichmacher zusammen? Sie sind ziemlich unabhängig voneinander. Führen Sie sich bitte einen einfachen Text vor Augen. Das sagt noch nichts über die drei anderen Merkmale aus. Er kann zwar einfach geschrieben sein, jedoch gleichzeitig sehr lang oder langweilig. Eine gewisse Abhängigkeit besteht zwischen den Merkmalen Kürze/Prägnanz und Anregende Zusätze. Sie werden sich manchmal entscheiden müssen: Kürze oder Anregung? Wenn Sie viele Beispiele liefern, wird Ihr Text automatisch länger. Die goldene Regel lautet: Die anregenden Zusätze sind selbst kurz und prägnant und ganz auf das Ziel ausgerichtet.

Einfachheit

Was verstehen Sie unter dem Verständlichmacher Einfachheit?

Abbildung 14: Einfachheit

„Einfachheit bezieht sich auf die Wortwahl und den Satzbau, also auf die sprachliche Formulierung: geläufige, anschauliche Wörter sind zu kurzen, einfachen Sätzen zusammengefügt“ (Langer et al. 2015, 22).

Die Texte sind konkret, anschaulich und nachvollziehbar. Ist es notwendig, Fremdwörter oder Fachbegriffe zu verwenden, werden sie für den Leser erläutert, damit er diese versteht. Einfachheit (Abbildung 14) ist das Gegenteil von Kompliziertheit.

BEISPIEL

Bürgerliches Gesetzbuch (BGB) § 164 Wirkung der Erklärung des Vertreters

1 Eine Willenserklärung, die jemand innerhalb der ihm zustehenden Vertretungsmacht im Namen des Vertretenen abgibt, wirkt unmittelbar für und gegen den Vertretenen. Es macht keinen Unterschied, ob die Erklärung ausdrücklich im Namen des Vertretenen erfolgt oder ob die Umstände ergeben, dass sie in dessen Namen erfolgen soll.

2 Tritt der Wille, in fremdem Namen zu handeln, nicht erkennbar hervor, so kommt der Mangel des Willens, im eigenen Namen zu handeln, nicht in Betracht.

3 Die Vorschriften des Absatzes 1 finden entsprechende Anwendung, wenn eine gegenüber einem anderen abzugebende Willenserklärung dessen Vertreter gegenüber erfolgt.

Was will uns der Autor damit sagen? Bitte formulieren Sie in eigenen Worten:

____

____

____

Ein Vorschlag – von einem Juristen eigens für dieses Buch „übersetzt“:

Abs. 1: Eine Erklärung, die jemand für einen anderen abgibt, gilt für den anderen, wenn der Handelnde erkennbar macht, dass er für einen anderen handelt (wobei sich dies auch aus den Umständen ergeben kann), und der andere ihm das erlaubt hat.

Abs. 2: Wenn der Handelnde nicht erkennbar macht, dass er für einen anderen handelt, dann gilt die Erklärung für ihn (den Handelnden) selbst.

Abs. 3: Die Regeln der Absätze 1 und 2 gelten genau so, wenn jemand einem anderen gegenüber eine Erklärung abgeben will – diese jedoch nicht an ihn selbst adressiert ist, sondern an dessen Vertreter.

Bei einem solch schwer verdaubaren Fachtext ist auch die Nennung eines konkreten Beispiels von Vorteil:

Jemand soll für einen Bekannten eine Sache verkaufen, zum Beispiel ein Fahrrad. Er trifft einen Interessenten und bietet diesem das Fahrrad zum Kauf an, ohne ihm zu sagen, dass nicht er selbst das Fahrrad verkauft, sondern im Auftrag seines Bekannten. Der Interessent denkt deshalb, dass der ihm Gegenübertretende (und nicht der Bekannte) das Fahrrad zum Kauf anbietet (denn von dem Bekannten, dem das Fahrrad gehört, weiß er ja nichts). Kommt es zum Vertragsschluss zwischen dem Anbieter und dem Interessenten, dann ist nicht der Bekannte, dem das Fahrrad gehört, aus dem Kaufvertrag verpflichtet, sondern der, der das Fahrrad zum Kauf angeboten hat, ohne offenzulegen, dass er dies nicht für sich selbst tut (also er gar nicht selbst einen Vertrag schließen will, sondern nur für seinen Bekannten). Dabei ist es egal, ob der Handelnde den Vertrag selbst schließen wollte oder nicht. Dies regelt der Paragraph 164 Absatz 2 BGB.

Bei der Einfachheit kommt es darauf an, auf den Punkt zu kommen. Darüber hinaus sollten Sie Worte verwenden, die Ihr Leser kennt. Selbst wenn Ihnen als Experte die Fachbegriffe geläufig sind, fragen Sie sich: Was kann mein Leser verstehen?

Gliederung/Ordnung

Was verstehen Sie unter dem Verständlichmacher Gliederung/Ordnung?

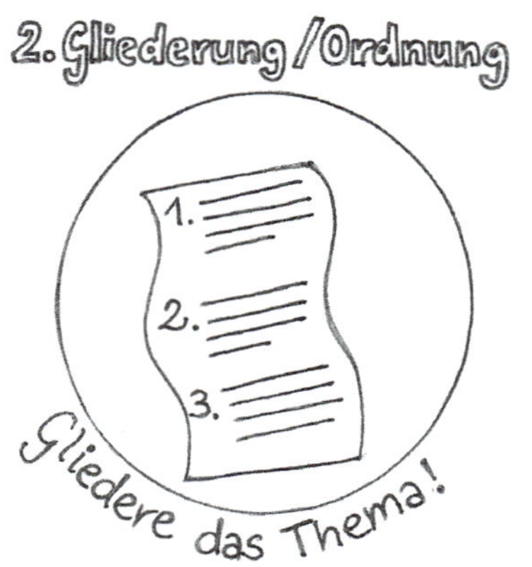

Abbildung 15: Gliederung/Ordnung

Gliederung/Ordnung „bezieht sich auf die innere Ordnung *und* die äußere Gliederung eines Textes“ (Langer et al. 2015, 22). Was bedeutet das? Ein Text ist verständlich, wenn die Informationen in sinnvoller Reihenfolge dargeboten werden. Die einzelnen Aussagen und Sätze sind in sich schlüssig aufeinander bezogen. Außerdem unterstreicht eine äußere Gliederung den Aufbau des Textes (Abbildung 15).

Bitte vergleichen Sie selbst, welcher Text für Sie ganz spontan verständlicher ist:

BEISPIEL

a) Es gibt vier Merkmale der Verständlichkeit, und diese heißen Einfachheit, Gliederung/Ordnung, Kürze/Prägnanz und Anregende Zusätze, wobei die einzelnen Merkmale aufeinander bezogen sind.

b) Es gibt vier Merkmale der Verständlichkeit:

1 Einfachheit
2 Gliederung/Ordnung
3 Kürze/Prägnanz
4 Anregende Zusätze

Diese vier Merkmale sind aufeinander bezogen.

Was sagen Sie? Für unseren Geschmack ist Version b) die verständlichere: Allein durch die Aufzählung kann der Leser besser folgen als es beim Fließtext der Fall ist.

Durch den Computer haben wir natürlich vielzählige weitere Möglichkeiten der äußeren Gliederung: verschiedene Nummerierungs- und Aufzählungszeichen, verschiedene Schriftarten und -größen, Farben und vieles mehr. Sie sollten allerdings darauf achten, jeweils nur wenige Arten der Hervorhebung zu benutzen.

Dieser zweite Verständlichmacher beinhaltet sowohl die innere Ordnung als auch die äußere Gliederung:

- Innere Ordnung: Bauen Sie den Text logisch auf und lassen Sie einen roten Faden erkennen. Bieten Sie die Informationen in einer sinnvollen Reihenfolge dar.
- Äußere Gliederung: Machen Sie den Aufbau des Textes sichtbar. Heben Sie Wichtiges hervor und bilden Sie sinnvolle Absätze. Gliedern Sie den Text durch Nummerierungen und Aufzählungszeichen. Beachten Sie jedoch: Es kann auch ein „Zuviel" des Gliederns geben. Manche Menschen machen nach jedem Satz einen Absatz. Das stört den Lesefluss.

Beide Kriterien bewirken, dass der Empfänger sich schneller zurechtfindet und auf den ersten Blick geführt wird. Das Verstehen wird ihm erleichtert.

Wenn Sie geschäftlich schreiben, sieht die DIN-Norm für Geschäftsbriefe zusätzlich vor, dass Sie Absätze mit einer Leerzeile voneinander trennen. Dies gilt sowohl für Briefe als auch für E-Mails (DIN 5008). Der Vorteil: Ihr Leser kann sich im Text besser zurechtfinden. Er erkennt auf den ersten Blick, dass er keine

„Zeilenkolonnen“ vor sich hat, sondern „verdaubare Häppchen“. Das macht mehr Lust auf das Lesen!

Kürze / Prägnanz

Was verstehen Sie unter dem Verständlichmacher Kürze / Prägnanz?

Abbildung 16: Kürze / Prägnanz

Kürze und Prägnanz (Abbildung 16) meint: Ein Text sollte so lang wie nötig und so kurz wie möglich sein. In verständlichen Texten fassen Sie sich kurz, beschränken sich auf das Wesentliche und wählen Ihre Worte mit Bedacht.

Anregende Zusätze

Was verstehen Sie unter dem Verständlichmacher Anregende Zusätze?

Anregende Zusätze (Abbildung 17) sind Wörter oder Inhalte, die beim Empfänger Interesse und Lust am Lesen oder Zuhören wecken sollen. Dies können rhetorische Fragen sein, die zum Mitdenken anregen. Nicht ohne Grund laden wir Sie ein, zu Beginn jedes Verständlichmachers einmal aufzuschreiben, was Sie darunter verstehen. Oder Sie erwähnen Beispiele, die dem Empfänger helfen. Anregende Zusätze machen einen Text spannend, interessant und persönlich. Sie sorgen für das „Salz in der Suppe“.

Abbildung 17: Anregende Zusätze

Das „Haus der Verständlichkeit“

Schulz von Thun hat die vier Verständlichmacher später erweitert. Als „Dach“ über den vier Verständlichmachern thront die „Visualisierung“. Das Fundament bildet die „kognitive Empathie“ (Pörksen/Schulz von Thun 2014, 43 f.). Was hat es mit diesen beiden Kriterien auf sich?

Visualisierung

Wer schon einmal eine Vorlesung von Schulz von Thun besucht hat, weiß, dass er das, was er erzählt, gern mit Bildern veranschaulicht. Die Notwendigkeit einer Visualisierung erklärt er wie folgt:

> *„Man kann nur das visualisieren, was man auch verstanden hat. Und Verständnislücken oder auch Missverständnisse werden, wenn man zeichnet, sofort sichtbar und können dann ergänzt oder korrigiert werden“ (Pörksen/Schulz von Thun 2014, 43).*

Umgekehrt gilt: Ein Bild sagt mehr als tausend Worte. Unser Gehirn verarbeitet Bilder deutlich schneller als geschriebene Worte.

So beeinflussen sich Verständnis und Visualisierung gegenseitig. Das Gute dabei: Sie müssen kein perfekter Künstler sein, um durch Bilder das Verständnis

Abbildung 18: Visualisierung mit einfachen Symbolen

zu fördern. Oft reichen Strichmännchen, einfache Symbole oder Pfeile aus, um mit ein paar Strichen das auszudrücken, was der Text beschreibt.

In unseren Seminaren hören wir von Teilnehmern oft: „Ich kann einfach nicht malen. Daher mache ich meine Präsentationen lieber mit PowerPoint". Das Problem dabei: Viele Zuhörer ermüden schnell, wenn sie ein PowerPoint-Chart nach dem anderen vorgetragen bekommen. Daher lockert es jeden Vortrag auf (auch jeden PowerPoint-Vortrag), wenn der Redner zwischendurch seine Gedanken auf einem Flipchart visualisiert. Genauso können Sie auch schriftliche Texte mit Bildern veranschaulichen. Kein vorgefertigtes PowerPoint-Bild wird Ihren Inhalt so gut verdeutlichen können wie eine Skizze, die Sie selbst entworfen haben. Genauere Hilfestellungen finden Sie im Praxisteil.

Mit den vier Verständlichmachern und der Visualisierung als „Dach" haben wir schon ein kleines Haus der Verständlichkeit beisammen. Hier fehlt nur noch das Fundament: die „kognitive Empathie".

Kognitive Empathie

In der Fachzeitschrift *tekom* (Schäfer 2015) wird Schulz von Thun zur Aktualität des Verständlichkeits-Modells befragt. Er bestätigt die Relevanz des Modells auch in den heutigen Zeiten, immerhin vierzig Jahre nach Erscheinen der Erstausgabe von „Sich verständlich ausdrücken". Auf die Frage, um was man das Buch und das Modell hin verändern könnte, antwortet er klar: um ein Training in kognitiver Empathie. Diesen Gedanken führt er ebenfalls in einem Dialog mit Pörksen aus (Pörksen/Schulz von Thun 2014). Schulz von Thun sagt, die kognitive Empathie sei eine ganz entscheidende Voraussetzung, die ihm erst nach Erscheinen des Buches „Sich verständlich ausdrücken" bewusst wurde.

Was ist mit kognitiver Empathie gemeint? Kognitive Empathie bezeichnet „ein Bewusstsein davon, was im Kopf des Lesers vor sich gehen mag" (Pörksen/Schulz von Thun 2014, 44). In einem Interview führt er zur Frage, was kognitive Empathie sei, weiter aus:

> *„Die Fähigkeit, sich einzudenken und einzufühlen in jemanden, der meine Worte vernimmt, aber nicht über meinen Hintergrund verfügt, in den er sie einordnen könnte" (Schulz von Thun in Schäfer 2015).*

Das bedeutet: Kognitive Empathie befähigt uns, dass wir uns selbst ein wenig „dumm" stellen. Wir sollten uns bewusstmachen, was möglicherweise zwar für uns selbstverständlich ist, was wir jedoch für den Laien verständlicher erklären müssen.

Mit kognitiver Empathie ist also das Einfühlen in den Leser/Zuhörer und das daraus abgeleitete Handeln gemeint. In unseren Seminaren verweisen wir manchmal auf die Metapher von der „Sendung mit der Maus". Sie erinnern sich? Berufe oder Vorgänge aus dem Alltag werden kindgerecht erzählt. Einfach, klar, schnörkellos, verständlich eben:

> **!** Stellen Sie sich vor, Sie haben einen Zehnjährigen vor sich, und Sie möchten ihm Ihre wichtigsten Gedanken vermitteln.

Wenn Sie es schaffen, komplexe Sachverhalte kindgerecht zu formulieren, haben Sie schon viel erreicht. Schulz von Thun gibt zweierlei zu bedenken:

> *„Manche möchten sich ein Denkmal ihres Hochniveaus setzen und kämen sich bei verständlicher Ausdrucksweise zu banal, zu normalmenschlich vor. Anderen mangelt es an kognitiver Empathie, wie ich das nenne: An der Fähigkeit, sich vorzustellen, was im Kopf eines Lesers vor sich geht, der nicht in der eigenen Gedankenwelt zu Hause ist. Allerdings ist es eine Kunst, verständlich etwas erklären zu können" (Schulz von Thun in Schäfer 2015).*

Der Managementberater und Coach Jens Corssen hat uns in seinen Seminaren ein Zitat vermittelt, welches wir gerne in unseren Fortbildungen und Coachings an unsere Teilnehmer weitergeben:

! Jeder hat Recht – in seinem Angst- und Denksystem.

Abbildung 19: „Jeder hat Recht."

Im Grunde ist dieser Satz ein Plädoyer für Toleranz und für kognitive Empathie: Wir werden aufgefordert, uns im übertragenen Sinne in die Schuhe des anderen zu stellen und die Welt – für einen Moment – aus der anderen Perspektive zu betrachten. Wir müssen nicht einverstanden sein. Doch es lohnt sich, einmal die Perspektive zu wechseln und anzuerkennen, dass ein anderer Mensch einen ganz anderen Blick auf etwas hat. Wenn sich beispielsweise jemand bei Ihnen beschwert, erwartet er eine Entschuldigung und ihn interessiert in dem Moment nicht die Rechtfertigung, warum etwas wie passiert ist.

Das heißt: Kognitive Empathie bedeutet, sich mit den vier „Brillen" des Lesers, die wir oben beschrieben haben, auszukennen und zu erahnen, welche Brille unser Leser vermutlich überwiegend nutzen wird, wenn er unseren Text liest.

Schulz von Thun hat durch das Haus der Verständlichkeit (in Abbildung 20 grafisch dargestellt) die vier Verständlichmacher aus dem Jahr 1974 in zwei wesentliche Rahmenbedingungen eingebettet, die ebenfalls für die Verständlichkeit von Texten ausschlaggebend sind (Pörksen / Schulz von Thun 2014):

1. Die Orientierung an einem tatsächlichen oder imaginären Publikums sowie
2. die Visualisierung zur Verdeutlichung des geschriebenen oder gesprochenen Wortes.

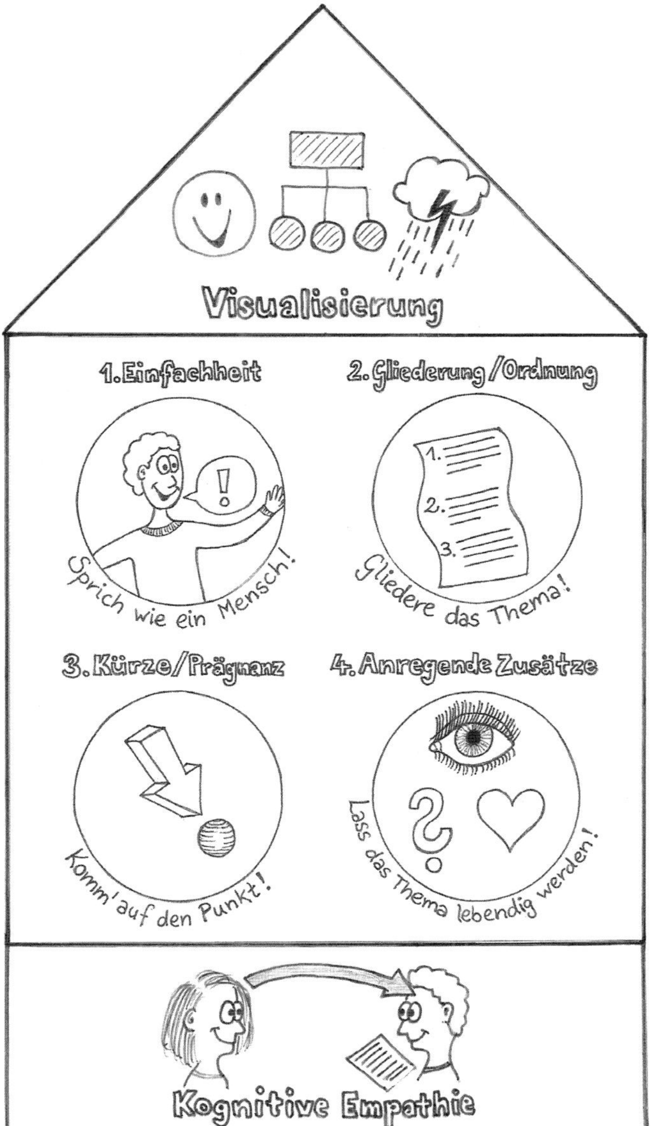

Abbildung 20: Das Haus der Verständlichkeit

2 Kommunikationspsychologische Modelle – Die Praxis

Sie haben nun für das Schreiben die beiden wichtigsten kommunikationspsychologischen Modelle kennengelernt: Das Kommunikationsquadrat und die vier Verständlichmacher. Was nützt Ihnen dieses Wissen nun in der Praxis? Wie können Ihnen die Modelle dabei helfen, gute Texte zu verfassen? Dies werden wir jetzt genauer untersuchen. In diesem Kapitel sind Sie gefragt. Zunächst lesen Sie ein paar Erläuterungen, um sich auf das Thema einzustimmen. Im Anschluss finden Sie Übungen, in denen Sie sich praktisch ausprobieren können. Viel Spaß!

2.1 Das Kommunikationsquadrat

Sie erinnern sich: Jede meiner – schriftlichen wie mündlichen – Äußerungen enthält, ob ich will oder nicht, vier Botschaften gleichzeitig:

1. Eine Sachinformation: worüber ich informiere
2. Eine Selbstkundgabe: was ich von mir zu erkennen gebe
3. Einen Beziehungshinweis: was ich von meinem Gegenüber halte und wie ich zu ihm stehe
4. Einen Appell: was ich bei meinem Gegenüber erreichen möchte

Diese vier Ebenen der Kommunikation werden Sie auf den folgenden Seiten besser kennenlernen. Wir laden Sie zu Übungen ein, damit Sie sich gleich ausprobieren können. Frei nach dem Motto:

„Sage es mir, und ich werde es vergessen.
Zeige es mir, und ich werde es vielleicht behalten.
Lass es mich tun, und ich werde es können“
(Konfuzius).

Die Sachebene

Die Sachebene besagt, worüber Sie (in der Sache) informieren. Wenn Sie einen sachlichen Text verfassen, sollten Sie den Leser mit fachlichen Informationen versorgen und Ihre Formulierungen sachlich wählen. Zweideutigkeiten, Anspielungen oder missverständliche Ironie sind hier fehl am Platz. Die Sachinformation ist das, worüber ich informiere. Meist ist der Sachinhalt direkt – oder explizit – ausgesprochen.

Im beruflichen Umfeld sollte die Kommunikation überwiegend auf der Sachebene stattfinden, ebenso bei der Expertenberatung. Auf der Sachebene gelten drei Kriterien:

1. Wahrheitskriterium: wahr oder unwahr; zutreffend oder nicht zutreffend
2. Kriterium der Relevanz: von Belang oder nicht von Belang
3. Kriterium der Hinlänglichkeit: Informationen ausreichend oder nicht ausreichend

Die Sachebene behandeln wir ausführlich im Kapitel „Die vier Verständlichmacher“. Denn wenn Sie die vier Verständlichmacher beherzigen, ist Ihr Text auf der Sachebene gut formuliert. Daher finden Sie alle Übungen, die wichtig für eine gute Sachebene sind, im entsprechenden Kapitel.

Die Selbstkundgabeebene

Selbstkundgabe ist das, was ich durch meine Kommunikation von *mir* zu erkennen gebe. Überlegen Sie sich, was Ihr Empfänger von Ihnen und über Sie erfahren sollte, damit er sich zum einen verstanden und ernst genommen fühlt und zum anderen zu Ihnen Vertrauen hat. Ist Ihr Ziel, kompetent zu wirken, könnten Sie Dinge erwähnen, die Ihre Kompetenz unterstreichen. Ist es Ihr Ziel, Gemeinsamkeiten hervorzuheben, damit Ihr Gegenüber Vertrauen gewinnt, könnten Sie explizit die Dinge hervorheben, die Sie mit Ihrem Leser verbinden.

Wir empfehlen grundsätzlich, weniger von sich zu schreiben als aus Sicht des Lesers. Denn:

> **!** Welche Ideen findet mein Gegenüber am besten?
> Seine eigenen!

Daher gilt auch hier: Nutzen Sie den Sie-Stil, wenn immer möglich, anstatt zu viel von sich selbst zu schreiben. Ausnahme: Wenn Sie sich persönlich präsentieren oder vorstellen, dann sind Sie herzlich dazu eingeladen, so viel auf der Selbstkundgabeebene zu senden, wie Sie mögen. Eine gute Formel ist auch an dieser Stelle:

> *„Alles, was du sagst, sollte wahr sein.*
> *Nicht alles, was wahr ist, solltest du sagen“*
> *(Voltaire).*

Wählen Sie aus, was Ihr Leser unbedingt von Ihnen wissen sollte. Lassen Sie Überflüssiges weg – ebenso wie Informationen, die Ihrem Ziel entgegenwirken. So überlegen wir zum Beispiel immer sehr genau, bei welcher Zielgruppe wir betonen, dass wir Psychologinnen sind – um zum Beispiel unsere Kompetenz zu unterstreichen – oder wo wir diese Ausbildung komplett verschweigen, weil sonst die Reaktion des Gegenübers reflexartig lautet: „Oh Gott, da muss ich ja ab jetzt aufpassen, was ich sage. Da durchschauen Sie mich ja jetzt mit Ihrem Röntgenblick“. Zwei Stilmittel möchten wir Ihnen an dieser Stelle noch an die Hand geben:

1. Ich-Botschaften formulieren
2. Glaubwürdigkeit und eigener Bezug zum Thema

Ich-Botschaften formulieren

Wie Sie im Abschnitt über die Beziehungsebene noch ausführlich lesen werden, unterscheiden wir zwischen Ich-Stil und Sie-Stil. Sie verwenden den Sie-Stil, damit sich Ihr Leser direkt angesprochen fühlt und merkt, dass Sie ihn in den Mittelpunkt stellen. In diesem Abschnitt verdeutlichen wir, wie Sie den Ich-Stil durch sogenannte Ich-Botschaften leserorientiert anwenden können.

Gerade in kritischen Situationen neigen wir zu Vorwürfen und Anschuldigungen. Schnell schreiben wir zum Beispiel: „Sie haben das Geld noch nicht überwiesen.“ oder „Du kommst immer zu spät!“. Solche Vorwürfe produzieren Abwehr und Widerstand auf der anderen Seite. Eine konstruktive Kommunikation wird dadurch erschwert. Eine Ich-Botschaft löst Vorwürfe in drei Schritten auf: Unsere Eselsbrücke lautet „WWW“ – diese drei „W“ stehen für: **Wahrnehmung – Wirkung – Wunsch**.

Was bedeutet das für Ihre Kommunikation? Wir trennen in der Ich-Botschaft unser Gefühl von den objektiv wahrnehmbaren Fakten:

1 Was habe ich gesehen/gehört/gespürt? Das ist das erste **W**, die **Wahrnehmung**.
2 Im zweiten Schritt einer Ich-Botschaft verweisen wir auf die **Wirkung**, die das Verhalten des anderen hatte: für mich und für andere.
3 Im dritten Schritt der Ich-Botschaft formulieren wir einen **Wunsch**, den wir an unser Gegenüber haben.

Nehmen wir Bezug auf das Beispiel aus Kapitel 1.1.3: die Mitarbeiterin der Firma Flower Charme, die so enttäuscht und verärgert über ihren Kunden war, weil dieser (angeblich) die Versandkosten eigenmächtig abgezogen hat. Sie erinnern sich, die E-Mail im Wortlaut:

BEISPIEL

Sehr geehrte Frau Maier,

wir konnten heute Ihre Zahlung verbuchen. Dabei mussten wir feststellen, dass Sie selbstständig den Betrag der Lieferkostenpauschale von 3,95 € von der Rechnung abgezogen haben. Das ist sehr enttäuschend für uns als Firma, die sich jahrelang stets um Kundenfreundlichkeit und schnelle Lieferungen bemüht hat. Bei tatsächlichen Lieferkosten von 25 € für einen Rosenbogen ist der Ihnen berechnete Betrag wirklich nicht viel! Wir werden Ihnen aus Kulanz den Betrag nicht noch einmal in Rechnung stellen, da der Aufwand hierfür größer wäre als das Ergebnis, aber ungesagt sollte es deswegen trotzdem nicht bleiben.

Mit freundlichen Grüßen

Mathilde Burger
Firma Flower Charme

Zunächst fragen wir Sie: Wie können Sie das WWW-Modell hier sinnvoll anwenden? Bitte finden Sie eine günstige und authentische Formulierung aus der Sicht der Mitarbeiterin der Firma Flower Charme:

Wahrnehmung:

____

____

Wirkung:

____

____

Wunsch:

____

____

Eine mögliche Formulierung – sicher eine unter vielen – lautet:

Wahrnehmung:
Wir haben festgestellt, dass Sie das Geld für den Rosenbogen überwiesen haben, die Portokosten jedoch noch nicht.

Wirkung:
Das irritiert / verwundert uns.

Wunsch:
Bitte teilen Sie uns mit, warum Sie die Portogebühren noch nicht überwiesen haben oder überweisen Sie die ausstehenden 3,95 € bitte bis zum ... Vielen Dank.

Was ist der größte Unterschied zwischen der Original-E-Mail und Ihrem WWW-Vorschlag? Wir haben uns in unserer WWW-Formulierung um Folgendes bemüht:

1. Trennung von Wahrnehmung und Interpretation: Feststellung, dass ein Betrag überwiesen wurde, ein anderer Anteil noch nicht.
2. Betonen der Wirkung anstatt Formulieren eines Vorwurfs: Irritation statt Unterstellung.
3. Klarer Appell und Wunsch am Ende des Satzes.

Erkennen Sie den Unterschied in den Formulierungen? Aus dem ursprünglichen Vorwurf an den Adressaten wird ein Gefühl des Senders. Die Wirkung ist eine ganz andere. Denn: Vorwürfe, Angriffe und Unterstellungen rufen bei dem Empfänger naturgemäß Widerstand und Ablehnung hervor. Sie kommen (meist) nicht mehr an ihn heran. Die Kommunikation ist in einer Sackgasse. Wenn Sie von der objektiven Wahrnehmung (was Sie hören, sehen, riechen, schmecken, anfassen können) und Ihren Gefühlen schreiben oder sprechen, kann der Empfänger dies besser so stehen lassen. Die Folge: Er wird Ihnen zuhören, wird sich der Wirkung seines Verhaltens auf Sie bewusst und am Ende des Tages womöglich auf Ihren Wunsch eingehen. Dann haben Sie Ihr Ziel erreicht.

Damit Sie gleich die Möglichkeit haben, diese hilfreiche Dreischritt-Methode zu verinnerlichen, laden wir Sie zu einer Übung ein. Bei dieser Übung geht es zunächst um das gesprochene Wort. Jedoch hilft Ihnen das WWW-Modell auch in der schriftlichen Kommunikation.

Bitte formulieren Sie aus der Beispiel-Aussage jeweils eine WWW-Botschaft (Wahrnehmung – Wirkung – Wunsch), wohlwissend, dass es verschiedene Lösungsmöglichkeiten gibt:

Ehefrau zum Ehemann: „Du bist schon wieder zu spät, du blöder Kerl.“

Mitarbeiterin zur Chefin: „Sie sind aber wieder ganz schön biestig unterwegs. Damit ecken Sie überall an. All unsere Kollegen sprechen schon über Ihr zickiges Verhalten. Das geht doch nicht.“

Chef zur Sekretärin: „Sie können doch nicht einfach in eine Besprechung reinlatschen und die Verhandlungen stören. Das war unmöglich."

Vater zum Kind: „Du bist ein fauler Hund. Du liegst in der Sonne rum, während deine Mutter und ich hier im Garten schuften. Aus dir wird nie etwas, du Faulpelz."

In Tabelle 1 finden sich unsere Formulierungsvorschläge. Gleichen Sie sie mit Ihren Ideen ab und bedenken Sie bitte, dass es an dieser Stelle eine Vielzahl von möglichen Lösungen gibt.

Tabelle 1: Formulierungsvorschläge WWW-Botschaft (Wahrnehmung – Wirkung – Wunsch)

Beispiel-Aussage	WWW-Botschaft (WWW = Wahrnehmung, Wirkung, Wunsch)
Ehefrau zum Ehemann: „Du bist schon wieder zu spät, du blöder Kerl."	„Ich warte schon seit einer Stunde auf dich. Das enttäuscht mich, denn ich habe mich bemüht, pünktlich zu sein. Bitte sei künftig pünktlich – oder ruf mich an, wenn du absehen kannst, dass du später kommst, damit ich mir meine Zeit besser einteilen kann."
Mitarbeiterin zur Chefin: „Sie sind aber wieder ganz schön biestig unterwegs. Damit ecken Sie überall an. All unsere Kollegen sprechen schon über Ihr zickiges Verhalten. Das geht doch nicht."	„Ich habe mitbekommen, wie Sie vorhin in der Besprechung sehr laut geworden sind. Das ist mir unangenehm, denn ich erwarte von meiner Führungskraft, dass sie eine Vorbildfunktion hat. Bitte bemühen Sie sich um einen professionellen Umgangston."
Chef zur Sekretärin: „Sie können doch nicht einfach in eine Besprechung reinlatschen und die Verhandlungen stören. Das war unmöglich."	„Frau Schneider, vorhin sind Sie mitten in der Besprechung in mein Büro gekommen. Diese Störung hat mich aus dem Konzept gebracht und damit die Verhandlung maßgeblich beeinflusst. Bitte bleiben Sie künftig draußen, wenn ich die Tür meines Büros geschlossen habe, danke."
Vater zum Kind: „Du bist ein fauler Hund. Du liegst in der Sonne rum, während deine Mutter und ich hier im Garten schuften. Aus dir wird nie etwas, du Faulpelz."	„Benni, es gibt jede Menge im Garten zu tun. Ich finde es total schade, dass du uns nicht hilfst. Bitte pack mit an, damit wir alle schneller fertig sind und nachher gemeinsam eine Eisschokolade trinken können."

Wir hoffen, dass Sie nun überzeugt sind, dass die WWW-Methode gerade bei Kritik helfen kann, den richtigen Ton zu treffen:

1 Schritt = Wahrnehmung: Die Kunst besteht darin, die eigenen Emotionen zunächst herauszuhalten und rein auf objektiv wahrnehmbare Fakten abzuzielen.
2 Schritt = Wirkung: Dann beschreiben Sie die Wirkung, die dieses Verhalten auf Sie hatte, also Ihre Gefühle.
3 Schritt = Wunsch: Zu guter Letzt verbinden Sie Ihre Aussage noch mit einem konstruktiven Wunsch, damit Ihr Gegenüber auch weiß, was Sie konkret von ihm erwarten.

Wie oft kommt es vor, dass wir der Empfänger von mehrdeutigen Nachrichten sind und daraufhin unsicher, wie wir uns nun richtig verhalten? Und am Ende heißt es dann: „So habe ich das gar nicht gemeint!" Da Sie den anderen nicht ändern können und die Veränderung nur bei Ihnen selbst anfangen kann, empfehlen wir Ihnen dringend, eine Kritik immer mit einer konkreten Erwartung zu verbinden. Geben Sie dem Leser noch etwas für die „Appell-Brille" mit auf den Weg. Dann ist die Wahrscheinlichkeit viel größer, dass er in Ihrem Sinne handeln wird.

Beachten Sie dabei bitte unbedingt, dass Sie in Konflikten lieber miteinander reden sollten als sich zu schreiben. Wenn Sie schreiben, hat Ihr Empfänger nicht sofort die Gelegenheit zu reagieren. Das kann im schlimmsten Fall den Konflikt verschärfen. Daher sollten Sie nur in besonderen Fällen (wenn z. B. ein Gespräch oder Telefonat nicht möglich ist) die schriftliche Korrespondenz nutzen.

Glaubwürdigkeit und eigener Bezug zum Thema

Zusätzlich zu den eben genannten Ich-Botschaften können Sie Ihre Texte lebendig gestalten, indem Sie dem Leser verdeutlichen, was Ihr eigener Bezug zum Thema ist. Sofern dies nicht überhandnimmt (nach dem Motto: „Ich … ich … ich …") zeigt es Ihrem Leser, dass Sie glaubwürdig sind und dass Ihnen das Thema wichtig ist.

Ein schönes Beispiel für Selbstkundgabe in einem schriftlichen Text liefert Bastian Sick in der Einleitung seines Buches „Der Dativ ist dem Genitiv sein Tod":

> *„Im Mai 2003 nahm ich als frisch gebackener Kolumnist die Herausforderung an und zog mit flatternden Fahnen und bunt bemalten Schilden gegen falsches Deutsch und schlechten Stil zu Felde. (…) Wenn ich mich mit einer gedankenlosen Sprachmode auseinandersetze, bedeutet dies nicht gleich, dass ich ihre vollständige Abschaffung verlange. Mir geht es vor allem darum, das sprachliche Bewusstsein zu schärfen und meine Leser zu ermutigen, nicht alles widerspruchslos hinzunehmen, was ihnen an bizarren Formulierungen in den Medien, in der Werbung, in der Politik, im Gesellschafts- und Amtsdeutsch geboten wird" (Sick 2014, 9ff.).*

Hier wird deutlich, warum der Autor dieses Buch schreibt und was er damit erreichen möchte und was nicht. Wenn Sie diese Fragen auch für sich beantworten und dies dem Leser mitteilen, wird Ihr Text glaubwürdiger und interessanter zu lesen sein.

Die Beziehungsebene

In Ihrer Kommunikation – schriftlich wie mündlich – geben Sie als Autor oder Sender der Nachricht auch immer etwas über Ihre Beziehung zum Empfänger preis: Wie stehen Sie zum anderen und was halten Sie von Ihrem Gegenüber? Wie drückt sich diese Beziehung in Ihrer Kommunikation aus? Ihre (fehlende) Anrede in einem Brief, Ihre Formulierungen, Ihre Wortwahl lassen Rückschlüsse darauf zu, wie Sie die Beziehung zum Leser bewerten. Während Sie einem Freund sicher einmal eine SMS schreiben können mit den zwei Worten „bin da", sollten Sie sich insbesondere im beruflichen Umfeld, zum Beispiel gegenüber Ihren Kunden, die Zeit für eine vollständige Kommunikation nehmen. Denn: Die Beziehung zwischen Ihnen und dem Gegenüber ist eine andere. Prüfen Sie für sich selbst, wie es Ihnen geht, wenn Sie in allen Lautsprecherdurchsagen gesiezt oder geduzt werden. „Hast du schon die neuesten Angebote im Möbelparadies gesehen?", schallt es aus dem Lautsprecher. Oder „Der Verkehrsfunk für Dich, damit du gut in den Feierabend kommst". Wie finden Sie das? Drückt der Sender mit dieser Kommunikation die angemessene Beziehung aus? Hier wird es sicher unterschiedliche Einschätzungen geben. Wichtig ist, dass Sie sich im Vorfeld bewusstmachen: Was und wen möchte ich erreichen? Wie stehen wir zueinander? Wie drücke ich dieses Verhältnis angemessen aus? Die Beziehungsseite wird meist indirekt angesprochen, quasi zwischen den Zeilen. Seien Sie sich über die Wirkung bewusst – und bedenken Sie dabei auch folgende menschliche Grundbedürfnisse:

1. Jeder Mensch möchte anerkannt, wertgeschätzt, liebgehabt werden.
2. Jeder Mensch möchte zu einer Gemeinschaft gehören und wahrgenommen werden.

Wenn Sie positive Beziehungssignale senden und die Grundbedürfnisse befriedigen wollen, stehen Ihnen folgende Hilfsmittel zur Verfügung:

1. den Leser in den Mittelpunkt rücken
2. loben und danken
3. angemessen anreden und Zugehörigkeit vermitteln
4. positiv formulieren

Den Leser in den Mittelpunkt rücken (Sie-Stil)

Grundsätzlich gibt es drei verschiedene Ebenen, den Leser anzusprechen: den Es-Stil (die passive Form), den Wir- bzw. Ich-Stil und den Sie- bzw. Du-Stil. Vergleichen Sie in den folgenden Sätzen die drei Varianten:

Es-Stil: Es wird ausdrücklich auf Folgendes hingewiesen: Gemäß § 11 Abs. 5 obliegt es dem Antragsteller, die Rechnung innerhalb einer Frist von 48 Tagen einzureichen.

Wir-/Ich-Stil: Wir weisen ausdrücklich auf Folgendes hin: Gemäß § 11 Abs. 5 können wir ohne Vorlage der Rechnung den Bonus nicht auszahlen.

Sie-/Du-Stil: Bitte senden Sie uns die Rechnung bis zum 17. Juni 2018, damit Sie Ihren Bonus erhalten (vgl. § 11 Abs. 5).

Welcher der drei Sätze spricht Sie als Kunde am meisten an? Vermutlich der letzte Satz, im Sie-Stil. Hier wissen Sie genau, was zu tun ist und fühlen sich vermutlich auch freundlicher behandelt als bei den anderen beiden Sätzen.

Was schätzen Sie ist das übliche Verhältnis von Sie-Stil zu Ich-/Wir-Stil? Wenn Sie typische Kundenbriefe verschiedener Unternehmen lesen, werden Sie feststellen, dass der Sie-Stil sehr viel seltener genutzt wird als der Wir- bzw. Ich-Stil. In unseren zahlreichen Seminaren zum Thema „Kundenorientierte Korrespondenz“ haben wir die Erfahrung gemacht, dass im Durchschnitt auf ein „Sie/Du“ ca. zwei „Wir“ bzw. „Ich“ fallen (Verhältnis 1:2).

Was glauben Sie, ist ein ideales Verhältnis zwischen „Sie“ und „Wir/Ich“„? Wenn Sie unterschiedliche Texte lesen, werden diejenigen Texte am angenehmsten auf Sie wirken, die ungefähr ein Verhältnis von 2:1 haben, also zweimal „Sie“ auf einmal „Ich“ oder „Wir“. Zählen Sie einfach mal die Wörter „Sie“ und „Wir“/„Ich“ in Ihren Texten. Schaffen Sie ein 2:1-Verhältnis?

Das heißt, es geht nicht darum, auf den „Wir-Stil“ oder den „Ich-Stil“ komplett zu verzichten. Im Gegenteil gehört es für eine gelungene Selbstkundgabeebene (Kap. 2.1.2) auch dazu, Ich-Botschaften zu verwenden, um den eigenen Bezug zum Thema deutlich zu machen. Auch wir verwenden in unserem Buch hin und wieder die „Wir-Form“, beispielsweise in diesem Satz, den Sie gerade lesen. Entscheidend ist jedoch das *Verhältnis* zwischen Sie/Du und Wir/Ich. In den aus Lesersicht verbesserten Briefen unserer Seminare ergab sich folgendes Bild:

> **!** Ein gutes Verhältnis zwischen „Sie-/Du-Stil“ und „Wir-/Ich-Stil“ ist 2:1.

Wenn Sie im Sie-Stil schreiben, sprechen Sie den Empfänger direkt an und vermeiden automatisch Passiv-Formulierungen.

Im Sie-Stil haben Sie mit kleinen Veränderungen sehr viel für ein positives Leseklima getan. Daher ist aus unserer Sicht das Thema „Sie-Stil" ein Herzstück des leserorientierten Schreibens, wie auch Abbildung 21 zeigt.

Tabelle 2 verdeutlicht Ihnen nochmals den Unterschied zwischen Ich-Stil und Sie-Stil.

Abbildung 21: Der Sie-Stil rückt den Leser in den Mittelpunkt

Tabelle 2: Ich-Stil und Sie-Stil

Ich-Stil – so lieber nicht!	Sie-Stil – ja, bitte!
Lieber Chef, *ich* bitte um Entschuldigung, dass *ich* leider erst heute dazu komme, *mich* zu melden. *Ich* hatte so viel zu tun in der letzten Zeit. *Ich* bin mir nicht sicher, ob *ich* die Abgabefrist für die Präsentation einhalten kann. *Ich* hoffe, dass *ich* es noch rechtzeitig schaffe. Ansonsten melde *ich* mich nochmal. Gruß	Lieber Chef, entschuldigen *Sie*, dass ich mich erst heute melde, um *Ihnen* eine Rückmeldung zu geben. Haben *Sie* bitte Verständnis dafür, dass ich *Sie* heute darum bitte, die Abgabefrist für die Präsentation noch einmal zu verlängern. Sehen *Sie* hier eine Möglichkeit? Danke für *Ihre* Rückmeldung. Gruß

Versuchen Sie nun, folgende Sätze in den Sie-Stil umzuformulieren:
Wir gewähren Ihnen einen Rabatt von 10%.

Für die weitere Bearbeitung benötige ich noch zusätzliche Informationen.

Wir weisen darauf hin, dass ...

Die verzögerte Antwort bitten wir zu entschuldigen.

Diesen Umstand bitte ich immer zu berücksichtigen.

Wir möchten Sie darüber in Kenntnis setzen, dass ...

Bei Rückfragen stehen wir Ihnen gern zur Verfügung.

In Tabelle 3 finden wieder ein paar Lösungsbeispiele.

Tabelle 3: Lösungsbeispiele Ich-Stil und Sie-Stil

Wir-/Ich-Stil	Sie-Stil
Wir gewähren Ihnen einen Rabatt von 10 %.	Sie erhalten einen Rabatt von 10 %.
Für die weitere Bearbeitung benötige ich noch zusätzliche Informationen.	Bitte teilen Sie uns ... mit, damit ...
Wir weisen darauf hin, dass ...	Bitte beachten Sie, dass ...
Die verzögerte Antwort bitten wir zu entschuldigen.	Bitte entschuldigen Sie, dass wir uns erst heute bei Ihnen melden.
Diesen Umstand bitte ich immer zu berücksichtigen.	Bitte beachten Sie, dass ... / Bitte denken Sie daran, dass ...
Wir möchten Sie darüber in Kenntnis setzen, dass ...	Bitte beachten Sie, dass ...
Bei Rückfragen stehen wir Ihnen gern zur Verfügung.	Haben Sie Fragen? Dann melden Sie sich gern. / Falls Sie Fragen haben, rufen Sie uns gern an.

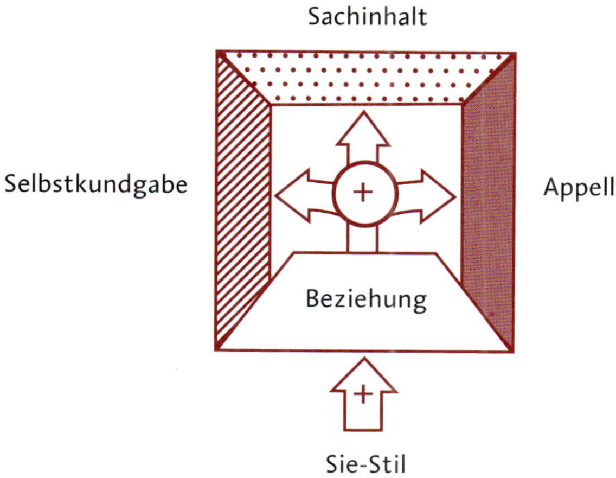

Abbildung 22: Positive Wirkung des Sie-Stils auf allen vier Ebenen

Häufig schreiben Unternehmen Positives im Wir-Stil („Wir leisten …“, „Wir erstatten …“, „Wir gewähren …“) und Negatives im Sie-Stil („Sie haben uns bis heute noch nicht geantwortet.“).

Genau umgekehrt ist es jedoch leserorientiert: Positives sollten Sie im Sie-Stil formulieren („Sie erhalten …“) und Negatives im Wir-, Ich- oder sogar Es-Stil (z. B. „Ihre Antwort liegt uns noch nicht vor.“). Obwohl das Wort „Ihre“ vorkommt (welches positiv wirkt), handelt es sich hier um den Es-Stil: „Es [Ihre Antwort] liegt uns noch nicht vor“.

So stärkt der Sie-Stil eine positive Beziehungsebene. Diese wirkt sich wiederum positiv auf die Wirkung der drei anderen Ebenen aus: Mit dem Sie-Stil werden viele Inhalte verständlicher, der Autor wird als Person greifbarer und die Appelle kommen klarer an (Kap. 2.1.4: „Appelle im Sie-Stil formulieren“).

Bei unseren Recherchen sind uns auch wunderbare Beispiele begegnet, bei denen der Leser direkt in den Mittelpunkt gerückt wird, wie z. B. ein Straßenschild am Timmendorfer Strand (Abbildung 23). Wer fühlt sich da nicht angesprochen? Nach unserer Meinung ist solch eine Aufforderung viel effektiver und freundlicher als ein kategorisches Verbot

Abbildung 23: Hinweisschild im Sie-Stil

in einem runden rot umrahmten Straßenschild.

Auch haben wir viele vorwurfsvolle Schilder gesehen, die sich an Hundebesitzer richten („Das ist kein Hundeklo!!!“). Mindestens genauso verständlich und darüber hinaus noch freundlicher löst dieses Thema die Insel Fehmarn: „Hundebesitzer. Nehmt Rücksicht! Im Falle eines „Falles“ … für gleich oder später. Tüte ziehen“. (Abbildung 24).

Abbildung 24: Hinweisschild mit Bitte um Rücksichtnahme

Diese direkte Ansprache und die praktische Handlungsanweisung in Form der Zeichnungen sind aus unserer Sicht gut dazu geeignet, den Leser handlungsauffordernd anzusprechen. Ein letztes positives Beispiel von einem Milch-Produzenten findet sich in Abbildung 25.

Abbildung 25: Direkte Ansprache des Kunden auf einer Milchtüte

Als Kunde fühlen Sie sich direkt angesprochen und haben gleich das Gefühl, durch den Kauf dieser Milch einen Beitrag zum Umweltschutz zu leisten. Der Sie-Stil rückt Sie als Leser einfach in den Mittelpunkt. Nutzen Sie dieses Wissen auch für Ihre Texte.

Partnerschaftlich schreiben

Sie haben nun erfahren, wie Sie mit einfachen Mitteln („Sie / Du“ statt „Ich / Wir“) den Leser in den Mittelpunkt rücken können. Damit haben Sie schon den wichtigsten Teil des partnerschaftlichen Schreibens kennengelernt.

Denn partnerschaftlich schreiben heißt, den Leser auf Augenhöhe anzusprechen. Auch hier gibt es wieder grundsätzlich drei verschiedene Ebenen, den Leser anzusprechen:

- von oben herab (der Leser als Bittsteller)
- anbiedernd, hofierend (der Leser als König) und
- partnerschaftlich (der Leser auf Augenhöhe, als Partner)

Partnerschaftliches Schreiben ermöglicht es Ihnen, den Leser klar und direkt anzusprechen und gleichzeitig persönlich und wertschätzend zu schreiben. Die Balance dieser beiden Werte lässt sich auch in das Werte- und Entwicklungsquadrat (vgl. Schulz von Thun 1989; Abbildung 26) einordnen. Nach dem Modell des Werte- und Entwicklungsquadrates müssen immer zwei positive Werte (Tugenden, Stärken) zusammenkommen, damit sie sich konstruktiv entfalten können. Wenn die jeweilige Schwestertugend fehlt, läuft die andere Tugend Gefahr, in ein „zu viel des Guten" abzudriften und somit zur Schwäche zu werden. Um den Leser partnerschaftlich anzuschreiben, sollten Sie darauf achten, dass folgende positive Werte in einem ausgewogenen Verhältnis zueinander stehen:

- klare und direkte Ansprache des Lesers
- persönliche und wertschätzende Ansprache des Lesers

Fehlt es dem Autor an persönlichen und wertschätzenden Formulierungen, so kann der Text schnell „von oben herab" wirken und die Sätze kommen beim Leser wie im Befehlston an.

Gelingt es dem Autor nicht, klar und direkt zu schreiben (Appelle deutlich zu senden), so kann der Text anbiedernd daherzukommen. Dem Leser wird bildlich gesprochen „Honig um den Bart geschmiert".

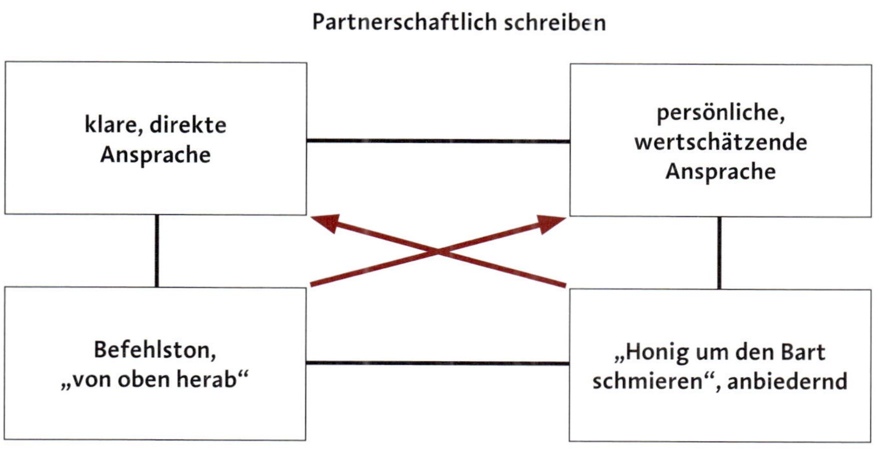

Abbildung 26: Partnerschaftlich schreiben im Werte- und Entwicklungsquadrat

Der Sie-Stil beispielsweise ermöglicht es, beide positiven Werte miteinander zu verbinden: partnerschaftlich zu schreiben.

So nicht: der Leser als Bittsteller: Folgende Formulierungen wecken beim Leser das Gefühl, dass er „von oben herab" behandelt wird, wie ein Bittsteller:

- „Sie müssen …"
- „Wir weisen ausdrücklich darauf hin, dass …"
- „Zu gegebener Zeit werden wir entscheiden, ob …"

Wie geht es Ihnen, wenn Sie so angesprochen werden? Das Wort „müssen" löst bei den meisten Lesern Widerstand aus. Meist reagieren sie innerlich mit einem Gedanken wie: „Ich muss gar nichts".

Darüber hinaus möchte kein Leser „ausdrücklich auf etwas hingewiesen werden", denn bei dieser Formulierung wird er eher klein gemacht und fühlt sich von oben herab behandelt. Zu guter Letzt schwingt in der dritten Formulierung mit, dass der Leser hier nichts zu melden hätte. Alle diese Ausdrücke sind Beispiele für Formulierungen, die Sie vermeiden sollten. Sie kommen beim Leser wie ein erhobener Zeigefinger an.

Abbildung 27: Der Leser als Bittsteller

Welche Formulierungen fallen Ihnen darüber hinaus ein, die von oben herab klingen?

So nicht: der Leser als König: Wenn Sie genau gegenteilig formulieren, wird der Leser angesprochen wie ein König. Bei dieser Variante wird er sich vermutlich ebenfalls nicht ernst genommen fühlen. Denn wenn Sie anbiedernd formulieren, erhält der Leser meist den Eindruck, dass Sie es nicht ehrlich meinen. Im schlimmsten Fall fühlt er sich ironisch behandelt. Auch hierzu wieder ein paar Beispiele:

- „Bitte haben Sie die Freundlichkeit, uns … zurückzusenden."
- „Wir bitten Sie höflichst um Verzeihung."
- „Es tut uns außerordentlich leid."
- „Wir bedauern zutiefst, dass …"

Wie kommen diese Sätze bei Ihnen an? Wenn Sie so schreiben, dann „trieft" Ihr Text förmlich vor lauter anbiedernden Formulierungen. Die meisten Leser halten Sie dann nicht für besonders glaubwürdig. Denn wenn Sie den Leser mit Ihrem Text hofieren, wirkt das auf ihn eher floskelhaft.

Abbildung 28: Der Leser als König

Welche Formulierungen kennen Sie, die den Leser auf einen Sockel stellen?

Bitte so: der Leser als Partner: Ein gesundes Mittelmaß erreichen Sie, wenn Sie den Leser als Partner anschreiben. Wie erreichen Sie das? Hier könnten wir viel schreiben, denn alles, was Sie bisher in diesem Buch gelesen haben, und alles, was noch folgt, zielt darauf ab, den Leser als Partner anzusprechen.

Daher belassen wir es bei Abbildung 29, die veranschaulichen soll, wie der Leser sich fühlt, wenn Sie ihn partnerschaftlich anschreiben. Kurzum, wie er sich fühlt, wenn Sie die Inhalte dieses Buches umsetzen.

Abbildung 29: Der Leser als Partner – Schreiben auf Augenhöhe

Loben und danken

Lob und Dank sind Türöffner – auch in der schriftlichen Kommunikation. Sie gehen gleichermaßen auf menschliche Grundbedürfnisse ein. Sie können fast jeden Brief und fast jede E-Mail mit einem Dank starten, zum Beispiel: „Vielen Dank für Ihre Nachricht/Ihren Anruf/Ihre freundliche E-Mail".

Wie oft lesen wir Geschäftsbriefe oder Mahnungen, in denen wir uns als Empfänger angegriffen fühlen oder uns rechtfertigen sollen: „Wir konnten immer noch keinen Zahlungseingang feststellen. Zahlen Sie bitte umgehend, sonst schalten wir unsere Rechtsabteilung ein". Das ist nicht gerade wertschätzend auf der Beziehungsebene. Doch es gibt auch viele positive Beispiele, in denen Unternehmen auf Augenhöhe und verständnisvoll mit dem Kunden umgehen, selbst wenn sich dieser nicht an Regeln gehalten hat: „Sicher ist es Ihrer Aufmerksamkeit entgangen … Bitte denken Sie daran, dass … Sollten Sie das Geld in der Zwischenzeit überwiesen haben, betrachten Sie dieses Schreiben bitte als gegenstandslos." Gerade kritische Botschaften kommen beim Empfänger treffsicher an, wenn ihm klar ist, dass auf der Beziehungsebene alles im grünen Bereich ist und wenn er „trotz" seines Verhaltens wertgeschätzt wird. Beispiel: „Wir freuen uns sehr über Ihre Bestellung und hoffen, dass Ihr neues Kleidungsstück nun schon ein Lieblingsteil geworden ist. Die Zeit fliegt, und so fragen wir heute einmal vorsichtig nach, ob Sie in der Zwischenzeit den Betrag von … € überwiesen haben, um Ihre Hose zu bezahlen". Zu Beginn einer Konversation sollten Sie immer etwas Positives voranstellen. Wenn Ihnen beim besten Willen nichts einfällt, dann haben Sie immer noch die Möglichkeit zu danken: „Danke für Ihre Bestellung vom …".

Was tun, wenn der Dank nicht (mehr) passt, weil der Leser nicht reagiert? In der Korrespondenz mit Kunden gibt es selbstverständlich Fälle, in denen Sie dem Leser gegenüber deutlicher werden können, zum Beispiel, wenn er nach mehrfacher freundlicher Erinnerung noch immer nicht handelt. Doch selbst dann haben Sie die Möglichkeit, bei aller Deutlichkeit den Nutzen für den Leser hervorzuheben. Wenn Sie beispielsweise einen Kunden wiederholt freundlich erinnert und ihm gedankt haben und er noch immer nicht tätig wird, können Sie schreiben: „Überweisen Sie bitte den Betrag … bis zum … So vermeiden Sie Mahngebühren“. Wenn er dann wieder nicht zahlt, können Sie schreiben: „Sicherlich möchten Sie vermeiden, dass es zu einem Inkasso-Verfahren kommt. Bitte überweisen Sie daher … bis zum … Andernfalls bitten wir unsere Kollegen aus der Inkasso-Abteilung, sich an Sie zu wenden.“

Was tun, wenn der Leser sich unverschämt verhalten hat? Wenn der Leser sich unverschämt verhalten hat, kann der Dank zu Beginn des Briefes ironisch und damit negativ wirken. Angenommen, ein Kunde hat Sie am Telefon beschimpft, dann wäre es unpassend zu schreiben: „Vielen Dank für das freundliche Telefonat“. Manchmal passt vielleicht noch ein Satz wie „Vielen Dank für Ihre offenen Worte“. Wenn selbst das nicht angemessen ist (da der Kunde Sie beispielsweise beleidigt hat), ist es dennoch möglich, neutral zu antworten: „Sehr geehrter Herr Müller, am Telefon teilten Sie mir mit, dass Sie mit … unzufrieden sind“. So haben Sie zwar keinen Dank ausgesprochen, dennoch den Leser persönlich (mit „Sie“) angesprochen und auf einen Vorwurf verzichtet. Vielleicht hilft Ihnen an dieser Stelle zur Überwindung Ihres persönlichen Stolzes der bereits zitierte Satz „Willst du Recht haben – oder deine Ziele erreichen?“. Fokussieren Sie sich auf Ihr Ziel und versuchen Sie, stets den guten Ton zu wahren.

Positiv formulieren

Positive Formulierungen schaffen ein angenehmes Leseklima und der Leser weiß, woran er ist.

Auf der anderen Seite haben Sie im obigen Abschnitt Beispiele kennengelernt, in denen eine positive Formulierung, zum Beispiel ein Dank, (ausnahmsweise) nicht passt. In der Korrespondenz mit Kunden beispielsweise gilt:

TIPP

Drücken Sie positive und neutrale Nachrichten positiv aus. Negative Nachrichten hingegen neutral.

Sie können (fast) jeden Brief und jede E-Mail mit einem Dank starten – positiv.

In den wenigen Fällen, in denen der Dank nicht passt, würde die positive Formulierung höhnisch wirken. Denn wenn Sie sich in dem Beispiel von eben für das freundliche Gespräch bedanken (nachdem ein Kunde Sie beschimpft hat), fühlt er sich erst recht nicht ernst genommen. Eine Formulierung, die neutral den Inhalt auf den Punkt bringt (z. B. „Sie teilten mir mit, dass Sie mit… nicht zufrieden sind") wird dem Leser deutlich machen, dass Sie sich trotz der Unstimmigkeiten in ihn hineinversetzt haben und dass sein Ärger bei Ihnen angekommen ist. Das ist wiederum ein Ausdruck Ihrer kognitiven Empathie. Positive Formulierungen können folgendermaßen gestaltet sein:

- Sie erläutern Ihrem Leser, welchen Nutzen oder Gewinn er hat.
- Sie lenken den Blick des Lesers auf die Lösung anstatt auf das Problem.
- Sie verwenden Worte wie „gern".
- Sie vermeiden das Wort „nicht" bzw. grundsätzlich jede Form der Verneinung (hierzu finden Sie zahlreiche Anregungen im Kapitel 2.2.1).

Hierzu eine Übung, in der Sie beispielhaft einige Negativformulierungen positiv (oder neutral) umformulieren können:
Zu unserem Bedauern mussten wir feststellen, dass Ihr Antrag noch nicht bei uns eingegangen ist.

____

____

____

Ihre Unterlagen haben wir bis heute nicht erhalten. Ohne diese ist eine weitere Bearbeitung leider nicht möglich.

____

____

____

Sie haben noch immer nicht den Betrag von 80€ überwiesen.

____

____

____

Wenn Sie nicht überweisen, werden wir unsere Rechtsabteilung einschalten.

In Tabelle 4 finden Sie wieder ein paar Lösungsvorschläge von uns. Vergleichen Sie diese mit Ihren Ideen. Womöglich haben Sie noch viel verständlichere Formulierungen erdacht.

Tabelle 4: Lösungsvorschläge: Positiv formulieren

Negativ formuliert	Positiv (oder neutral) formuliert
Zu unserem Bedauern mussten wir feststellen, dass Ihr Antrag noch nicht bei uns eingegangen ist.	Vielen Dank für Ihre Anfrage. Bitte senden Sie uns Ihren Antrag, damit ...
Ihre Unterlagen haben wir bis heute nicht erhalten. Ohne diese ist eine weitere Bearbeitung leider nicht möglich.	Vielen Dank für das freundliche Telefonat. Senden Sie uns bitte die Unterlagen X, damit wir für Sie ... Oder: Gern möchten wir die Auszahlung für Sie berechnen. Bitte senden Sie uns hierfür ...
Sie haben noch immer nicht den Betrag von 80 € überwiesen.	Bitte überweisen Sie den Betrag von 80 €, damit ...
Wenn Sie nicht überweisen, werden wir unsere Rechtsabteilung einschalten.	Gern möchten wir rechtliche Schritte vermeiden. Bitte überweisen Sie daher bis zum ...

Angemessen ansprechen und Zugehörigkeit vermitteln

Was bedeutet angemessen? Schauen Sie bitte immer mit den Augen des Empfängers darauf. Wie möchte er gern angeredet werden? Per Du? Per Sie? Eher in einem nüchtern-sachlichen Stil oder eher locker-flockig? Prüfen Sie im Vorfeld, welche Beziehung Sie zu dem Empfänger haben und wählen Sie Ihre Worte entsprechend. Das ist stets ein Ausdruck Ihrer kognitiven Empathie: Sie sind in der Lage, sich in den Empfänger hineinzuversetzen und ihn angemessen anzureden.

Wie empfinden Sie es, in Möbelhäusern per „Du" angesprochen zu werden? Finden Sie das angemessen? Da scheiden sich die Geister. Schauen Sie immer konkret auf Ihre Zielgruppe, auf Ihren einzelnen Leser, und entscheiden sich dann für eine Ansprachefom. In E-Mails wird immer öfter komplett auf eine direkte Ansprache und den Abschiedsgruß verzichtet: „Treffen verschoben. Neuer Termin: 3.4.2017 Bitte um Rückmeldung“. Ist das wertschätzend? Wohl kaum. Es wird zwar immer gängiger, doch dafür nicht besser. Wir empfehlen dringend, sich die Zeit für Anrede und Abschiedsgruß zu nehmen. Denn: Eine persönliche Ansprache zu Beginn einer E-Mail („Liebe …“, „Sehr geehrte …“) und ein Abschiedsgruß („Viele Grüße“, „Noch eine schöne Restwoche“, „Bis bald“) ist immer ein Zeichen von Wertschätzung. Sie haben sich bewusst diese Zeit genommen, und Zeit ist gleichzusetzen mit Wertschätzung für meinen Leser.

Von dem Autor und Verhandlungsführer Matthias Schranner haben wir in einem Vortrag gelernt, dass man dem anderen auch Zugehörigkeit vermitteln kann, indem man die Gemeinsamkeiten zwischen ihm und sich betont. Wie geht das? Sie haben zum Beispiel die Möglichkeit, die Offenheit und Leidenschaft Ihres Gegenübers zu benennen und dafür zu danken – selbst wenn Sie inhaltlich nicht einer Meinung sind. Außerdem können Sie in Verhandlungen oder in der schriftlichen Kommunikation stets Ihr gemeinsames Ziel benennen, anstatt die unüberbrückbaren Differenzen zu betonen, in etwa: „Vielen Dank für Ihre Offenheit und dass Sie sich die Zeit genommen haben, mir Ihre Sichtweise ausführlich darzustellen. Wir haben beide ein Interesse daran, diesen Vorfall zu lösen. Darum lassen Sie es mich so zusammenfassen: …“. Das klingt ganz anders, als wenn Sie gleich Ihre gegensätzliche Meinung voranstellen und damit vom ersten Moment an Widerstand bei Ihrem Empfänger hervorrufen.

> **!** Bei Widerstand gilt: Judo statt Boxen.

Das Prinzip dahinter lautet: „Judo statt Boxen“. Sie nehmen den Widerstand Ihres Gegenübers auf, anstatt nur verbal dagegen anzugehen. So fühlt sich Ihr Gegenüber zugehörig und wird eher bereit sein, sich auch auf Ihre Sichtweise einzulassen.

Die Appellebene

Mit jeder Nachricht – schriftlich wie gesprochen – möchte ich etwas bei jemand anderem erreichen oder auslösen. Sich das Ziel Ihrer Kommunikation im Vorfeld bewusst zu machen ist die halbe Miete, wenn Sie sich verständlich ausdrücken wollen. Möchten Sie Ihren Leser informieren, so dass er etwas verstehen soll? Möchten Sie ihm danken, damit er sich wertgeschätzt fühlt? Möchten Sie ihn um etwas bitten, damit er in Aktion tritt?

Appelle klar und direkt formulieren

Appelle können Sie direkt ausdrücken: „Bitte überweisen Sie das Geld binnen zehn Tagen." Oft werden Appelle jedoch indirekt formuliert: „Eine Zahlung steht noch aus."

Wenn Sie beispielsweise lesen: „Es sind schon viele Spenden eingegangen. Um das Bildungsprojekt zu finanzieren, benötigen wir nun noch 10.000 €.", würden Sie dann spenden? Oder eher, wenn Sie stattdessen lesen: „Bitte spenden auch Sie, damit die neue Schule gebaut werden kann!". Wenn Sie sichergehen wollen, dass Ihr Appell auch als solcher verstanden wird, sollten Sie direkte Appelle senden. Ansonsten laufen Sie Gefahr, dass der Empfänger den indirekten Appell auf der Sachebene hört und er sich zu keiner Aktion aufgefordert fühlt. In den Behörden haben sich mittlerweile Arbeitsgruppen mit kundenorientierter Kommunikation beschäftigt und wir sind von den Ergebnissen begeistert. So wird der Bürger inzwischen nicht nur daran erinnert, dass sein Personalausweis in Kürze abläuft, er wird auch kundenorientiert angeschrieben (auch wenn hier wieder der Weichmacher „möchten" verwendet wird; vgl. S. 87 ff.):

BEISPIEL

Sehr geehrter Herr Sand,

wir möchten Sie freundlich daran erinnern, dass Ihr Personalausweis am 3.9.2017 seine Gültigkeit verlieren wird.
Um Ihnen unnötige Wege zu ersparen, möchten wir Sie bereits heute darüber informieren, welche Unterlagen bei der Beantragung Ihres neuen Dokuments vorzulegen sind:

- ein aktuelles, biometrietaugliches Passfoto mit hellem Hintergrund, welches den Bestimmungen entspricht
- Ihren alten Personalausweis
- 28,80 € Gebühren (Zahlung per EC-Karte ist möglich)

Zusätzlich zwingend erforderlich wegen gesetzlicher Vorgaben:

- Geburtsurkunde oder Abstammungsurkunde *und*
- von Verheirateten bzw. verheiratet Gewesenen: Abschrift aus dem Familienbuch oder Heiratsurkunde

> […]
> Bitte beantragen Sie schnellstmöglich Ihr neues Dokument, da Sie ordnungswidrig handeln, wenn Ihr Personalausweis abgelaufen ist und Sie kein gültiges Dokument mehr besitzen. Informieren Sie sich bitte auch unter www.reinbek.de und www.personalausweisportal.de.
>
> Mit freundlichen Grüßen
> Ihr Bürgerbüro

Erkennen Sie die Appelle? Als Leser werden Sie ganz konkret aufgefordert, was Sie zu tun haben. Sie sollen schnellstmöglich Ihren neuen Personalausweis beantragen und Sie sollen einige Dokumente und Dinge mitbringen. Gabriele Lange, Leiterin des Bürgerbüros Reinbek (Hamburg) hat uns bestätigt, dass sie diese Standardbriefe immer wieder im Team überarbeiten, um einen größtmöglichen Kundennutzen zu stiften. Auch wird gleich zu Beginn des Schreibens deutlich, dass das Team des Reinbeker Bürgerbüros kognitive Empathie besitzt: „Um Ihnen unnötige Wege zu ersparen …" – hier fühlt sich der Leser verstanden und erkennt sofort den Nutzen der Appelle.

Appelle im Sie-Stil formulieren

Es geht jedoch noch beser als im Beispiel des Bürgerbüros. Denn besonders für Appelle gilt: Sprechen Sie Ihren Leser persönlich und im Sie-Stil an, wenn Sie möchten, dass er Ihrem Appell entsprechend handelt.

Versuchen Sie in der folgenden Übung, die Appelle in den Sie-Stil umzuformulieren:

Ohne den Ausgleich der Rechnung können wir nicht …

____

____

Wir weisen ausdrücklich auf folgendes hin: …

____

____

Wir erwarten die unterschriebenen Unterlagen, damit wir den Antrag bearbeiten können.

Ich möchte dich darum bitten, mich unter der Rufnummer ... zurückzurufen.

Ich bitte um Zusendung der Rechnung.

Vergleichen Sie wieder Ihre Formulierungen mit unseren Vorschlägen in der Tabelle 5.

Tabelle 5: Lösungsvorschläge: Appelle im Sie-Stil formulieren

Wir-Stil – so lieber nicht	Sie-Stil: ja bitte!
Ohne den Ausgleich der Rechnung können wir nicht ...	Bitte überweisen Sie ..., damit ...
Wir weisen ausdrücklich auf folgendes hin: ...	Bitte beachten Sie: ...
Wir erwarten die unterschriebenen Unterlagen, damit wir den Antrag bearbeiten können.	Bitte senden Sie uns die unterschriebenen Unterlagen, damit wir den Antrag für Sie bearbeiten können.
Ich möchte dich darum bitten, mich unter der Rufnummer ... zurückzurufen.	Bitte ruf mich unter der Nummer ... an.
Ich bitte um Zusendung der Rechnung.	Bitte senden Sie mir die Rechnung.

Wenn Sie möchten, dass Ihr Empfänger den Inhalt Ihres Appells schnell erfasst und danach handelt, sollten Sie Appelle klar, verständlich und direkt formulieren.

Ein schönes Beispiel dafür sind Hinweisschilder. Gute Hinweisschilder enthalten neben dem Text auch ein einfaches Bild, auf dem der Inhalt zusätzlich verdeutlicht wird. Mit Hilfe von Bildern können auch Menschen, die nicht lesen können oder die Sprache nicht verstehen, sofort erkennen, was zu tun (bzw. zu unterlassen) ist.

Auf einer Wanderung in den bayrischen Alpen entdeckten wir ein Hinweisschild an einem Stausee.

Abbildung 30: Hinweisschild an einem Stausee in den bayrischen Alpen

Was fällt Ihnen an diesem Schild auf? Wie würden Sie das Schild gestalten, wenn es Ihnen wichtig ist, dass niemand Steine in den Stausee wirft? Versuchen Sie, ein neues Schild zu entwerfen:

Als wir das Schild lasen, waren wir vor allem über Folgendes verwundert:

- Der wichtige Appell kommt erst am Ende. Daher muss man zunächst lesen, was *nicht* geschehen soll (eine Beschädigung der Staudammdichtung), bis man weiß, wie man sich verhalten soll (keine Steine in den Stausee werfen). Unsere Empfehlung: *Appelle zuerst!* Danach können Sie schreiben, weswegen der Leser sich so verhalten soll. Allerdings: In diesem Fall muss der Text tatsächlich mit dem Wort „keine“ versehen werden. Denn hier geht es darum, welches Verhalten der Leser vermeiden soll („Steine werfen“). Wenn dieser Appell positiv formuliert wäre („Bitte lassen Sie die Steine außerhalb des Stausees liegen.“), würde das komisch klingen und den Kern nicht treffen.
- Darüber hinaus wird der Leser nicht direkt angesprochen. Denn „[Es] wird dringend ersucht, ...“ ist eine Passiv-Formulierung, bei der sich der Wanderer vermutlich nicht persönlich angesprochen fühlt.

- Die „Beschädigung" ist eine Substantivierung, die den Satz weniger lebendig wirken lässt, als wenn der Autor das Verb „beschädigen" verwendet hätte. Lesen Sie hierzu auch das Kapitel 2.2.1, Abschnitt „Verben statt Substantive".
- Zu guter Letzt fehlt ein Bild, das (im Gegensatz zu Worten) in einem Bruchteil von Sekunden erfasst werden kann.

Sehr viel verständlicher wäre folgender Text:

> „Bitte werfen Sie keine Steine in den Stausee! Sie helfen uns damit, den Staudamm dicht zu halten".

Wenn wir ein Schild für denselben Zweck entworfen hätten, würde es ungefähr so aussehen wie in Abbildung 31 dargestellt.

Abbildung 31: Vorschlag für ein verständlicheres Hinweisschild

Bei unseren Recherchen haben wir viele Hinweisschilder entdeckt, die dem Leser klar und deutlich mitteilen, was er zu tun hat. Die Verbindung von Text und Zeichnung hilft, damit der Leser sofort im Bilde ist, wie zum Beispiel bei Abbildung 32.

Abbildung 32: Eindeutiges Hinweisschild: „Hunde sind an der Leine zu führen"

Teilweise zaubern die Schilder dem Leser noch ein Lachen ins Gesicht. Sie als Autor haben die Wahl, wie Sie den Leser ansprechen möchten. Bedenken Sie dies stets bei Ihrer Wortwahl und bei der Gestaltung von Texten.

Abbildung 33: Hinweisschild mit Zeichnung: „Liebe Toilettenbenutzer!"

2.2 Die vier Verständlichmacher

Sie erinnern sich, verständliche Texte zeichnen sich durch folgende Kriterien aus (Schulz von Thun, Unterrichtsmaterialien):

- Einfachheit: Sprich wie ein Mensch!
- Gliederung / Ordnung: Gliedere das Thema!
- Kürze / Prägnanz: Komm' auf den Punkt!
- Anregende Zusätze: Lass das Thema lebendig werden!

Abbildung 34: Die vier Verständlichmacher

Einfachheit

> **!** Schreiben Sie so, dass Ihr Leser Sie versteht.

Wenn Sie möchten, dass Ihr Leser Ihre Gedanken nachvollziehen kann und er möglichst einfach gehalten bleibt, sollten Sie

- kurze, klare Sätze verwenden,
- modern formulieren (z.B. Floskeln vermeiden),
- Abkürzungen, Fachbegriffe und Dialekt vermeiden oder erklären,
- aktiv schreiben und
- mehr Verben statt Substantive nutzen.

Abbildung 35: Einfachheit

Auch wenn sich schon viel verbessert hat in den Jahren seit der Erstausgabe von „Sich verständlich ausdrücken“, begegnen uns immer noch häufig Texte und Schilder, die man viel einfacher formulieren könnte, wie z. B. die Abbildung 36 zeigt.

Abbildung 36: Schwer verständliches Hinweisschild: „Die Überbordgabe von Abfall ins Meer ist verboten!“

Warum verwenden die Autoren hier das Wort „Überbordgabe“? Wie, lieber Leser, können Sie dieses Schild einfacher machen? Versuchen Sie, diesen Text umzuformulieren:

Auch das Warnschild in Abbildung 37 könnte aus unserer Sicht wesentlich einfacher gestaltet werden. Welche Informationen sind wirklich nötig? Welche erschweren den Text unnötig? Entscheiden Sie selbst.

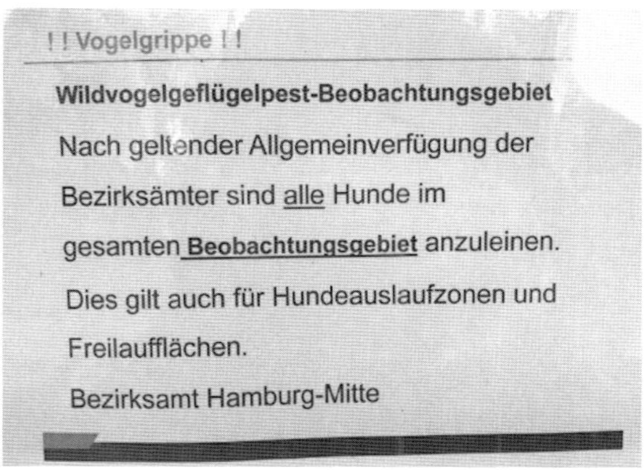

Abbildung 37: Schwer verständliches Hinweisschild: Vogelgrippe

Bitte gestalten Sie dieses Schild einfacher und verständlicher.

Für unseren Geschmack genügt:
VOGELGRIPPE!
Bitte leinen Sie Ihre Hunde an.
Ihr Bezirksamt Hamburg-Mitte

Kurze, klare Sätze verwenden

Was ist ein kurzer Satz? Ein kurzer Satz hat höchstens einen Nebensatz und besteht aus maximal 20 Wörtern.

Beispiele für sehr kurze Sätze sind Schlagzeilen einer Zeitung (wobei dort oft das Verb fehlt). Schlagzeilen sind so prägnant formuliert, dass sie dem Leser in wenigen Worten vermitteln, wovon der Zeitungsartikel handelt. Damit der Text ausgewogen und lebendig wird, ist es jedoch auf der anderen Seite wichtig, die Satzlängen zu variieren. Wenn Sie z. B. alle Sätze so kurz formulieren würden wie die Schlagzeile einer Zeitung, würde Ihr Text zu abgehackt klingen. Dieser „Telegrammstil“ könnte dazu führen, dass Ihr Leser sich nicht ernst genommen fühlt und Ihr Text insgesamt wenig „geschmeidig“ daherkommt.

Daher empfehlen wir für die Länge der Sätze eine Mischung von ca. 5 bis 20 Wörtern. Einzelne Sätze können in Ausnahmefällen auch mal etwas länger sein. Wenn Ihr Satz jedoch mehr als 25 Wörter enthält, sollten Sie auf jeden Fall prüfen, ob er in zwei kürzeren Sätzen verständlicher ist.

Kurze Sätze haben höchstens einen Nebensatz. Je mehr Nebensätze Sie verwenden, desto mehr Kommata benötigen Sie. Daher Ihr zusätzlicher Vorteil bei kurzen Sätzen: Sie müssen sich nicht so intensiv mit den Kommaregeln befassen.

Selbstverständlich dürfen Sie auch mal Sätze verwenden, die mehr als einen Nebensatz beinhalten. Es kommt eben immer auf ein ausgewogenes Verhältnis an.

Kurze Sätze sind einprägsamer und wirken lebendiger als lange Sätze. Darüber hinaus sollten Sie auf Folgendes achten, wenn Sie Sätze formulieren:

- Die Hauptaussage sollte am Beginn des Satzes stehen.
- Wichtige Informationen gehören in den Hauptsatz, nicht in den Nebensatz.

Das typische Beamtendeutsch folgt oft dem gegenteiligen Prinzip. Die Sätze werden oft so sehr verschachtelt, dass der Leser am Ende des Satzes meist nicht mehr weiß, wie der Satz angefangen hat. Dies zeigt folgendes Beispiel:

BEISPIEL

„Ferner werden für Beschäftigte, die sich insbesondere in Elternzeit befinden oder zu anderen Dienststellen abgeordnet sind, die Möglichkeiten, an den Personalratswahlen teilzunehmen, durch frühzeitige Unterrichtung und nicht zuletzt durch geringere Anforderungen an die Briefwahl erleichtert“ (Ministerium für Inneres, Digitalisierung und Migration Baden-Württemberg 2014).

Floskeln vermeiden

Wenn Sie beim Schreiben viele althergebrachte Floskeln verwenden, wirkt Ihr Text auf den Leser leicht einschläfernd. Eine typische Floskel in Geschäftsbriefen ist zum Beispiel „bezugnehmend auf…“, wie in folgendem Briefeinstieg: „Sehr geehrte Frau Müller, bezugnehmend auf Ihr Schreiben vom… möchten wir Ihnen mitteilen, dass…“ – Na, sind Sie mit Ihrer Aufmerksamkeit und Interesse dabei? Vermutlich nicht. Die meisten Leser schalten bei solchen Floskeln schnell ab, da sie sich nicht persönlich angesprochen fühlen. Lesen Sie stattdessen: „Sehr geehrte Frau Müller, vielen Dank für Ihren Antrag…“. Hierbei fühlen Sie sich vermutlich motiviert und eingeladen, weiterzulesen. Auf welche Floskeln sollten Sie in modernen Texten verzichten?

Versuchen Sie nun die verstaubten Floskeln durch eine moderne Formulierung zu ersetzen:

Dankend erhielten wir…

____

Bezugnehmend auf…

____

In der Anlage schicken wir Ihnen…

____

Auf diese Art und Weise…

____

Hiermit teilen wir Ihnen mit, dass…

____

In Beantwortung Ihres Schreibens …

___

Zum jetzigen Zeitpunkt …

___

Aus diesem Grunde …

___

Auf Grund von …

___

Wir nehmen Bezug auf Ihre E-Mail und unterbreiten Ihnen folgendes Angebot.

___

___

___

Wir hoffen, Ihnen mit diesen Informationen gedient zu haben und verbleiben mit freundlichen Grüßen.

___

___

___

Vielleicht haben Sie sich bei manchen Formulierungen gefragt: Warum ist das eine Floskel, die ich nicht verwenden soll?

Bevor wir Ihnen gleich ein paar moderne Formulierungsvorschläge an die Hand geben, erläutern wir Ihnen, warum bestimmte Floskeln nicht mehr modern sind. Das Wort „dankend" wurde zum Beispiel jahrelang in der Geschäftskorrespondenz verwendet. Wenn wir jedoch die Bedeutung des Wortes genauer unter die Lupe nehmen, heißt „dankend erhielten wir Ihr Schreiben" eigentlich „während wir gedankt haben, erhielten wir Ihr Schreiben". Genauso wie „lesend lag ich auf der Couch" bedeutet „während ich las, lag ich auf der Couch". Das Gleiche gilt für die Formulierungen „Beigefügt erhalten Sie …".

Die Floskel „bezugnehmend auf" haben wir zu Beginn dieses Abschnittes schon als Beispiel angesprochen. Sie ist so allgemein und unpersönlich, dass theoretisch jeder Text so anfangen könnte. Wenn ein Brief anfängt mit „Bezugnehmend auf Ihr Schreiben vom …" wird dadurch nichts anderes ausgesagt, als dass an einem bestimmten Datum ein Schreiben eingegangen ist. Diese Daten sind manchmal wichtig, dennoch können sie gleich mit einem Dank verbunden werden, wodurch der Leser wertgeschätzt und persönlich angesprochen wird: „Vielen Dank für Ihr Schreiben vom …".

In Tabelle 6 erläutern wir Ihnen, warum die Floskeln veraltet sind und schlagen Ihnen modernere Formulierungen vor.

Tabelle 6: Lösungsvorschläge: Floskeln vermeiden

Veraltete Floskeln	Warum veraltet?	Moderne Formulierung
Dankend erhielten wir …	*„Dankend" bedeutet hier (streng genommen): „Während wir gedankt haben …"*	Vielen Dank für …
Bezugnehmend auf …	*Diese Floskel sagt inhaltlich nichts aus und ist unpersönlich. Theoretisch könnte jeder Brief so starten.*	Vielen Dank für …
In der Anlage schicken wir Ihnen …	*In welcher Anlage? Das Wort ist überflüssig, wenn Sie den Sie-Stil verwenden.*	Sie erhalten …
Auf diese Art und Weise …	*Fünf Wörter, die nicht mehr aussagen als das Wort „so".*	So …
Hiermit teilen wir Ihnen mit, dass …	*„Vorreiter": Mit diesem Satz sage ich nichts anderes aus, außer, dass ich gleich etwas sagen werde.*	Einfach den „Vorreiter" weglassen und gleich zur Sache kommen. Hier gibt es keine Musterlösung, denn je nach Kontext schreibt man individuell.
In Beantwortung Ihres Schreibens …	*„Beantwortung" als Substantivierung klingt bürokratisch (vgl. Kap. 2.2.1 – Verben statt Substantive nutzen).*	Gern beantworten wir Ihre Fragen.

Fortsetzung von Tabelle 6

Veraltete Floskeln	Warum veraltet?	Moderne Formulierung
Zum jetzigen Zeitpunkt …	*Umständlich formuliert, ein Wort reicht.*	Nun … Jetzt … Momentan …
Aus diesem Grunde …	*Umständlich formuliert, ein Wort reicht.*	Daher … Deshalb …
Auf Grund von …	*Umständlich formuliert, ein Wort reicht.*	Wegen …
Wir nehmen Bezug auf Ihre E-Mail und unterbreiten Ihnen folgendes Angebot.	*„Bezug nehmen" ist ein rein sachlicher Begriff ohne Botschaft an den Leser.*	Vielen Dank für Ihre E-Mail. Mit diesem Schreiben erhalten Sie unser Angebot.
Wir hoffen, Ihnen mit diesen Informationen gedient zu haben und verbleiben mit freundlichen Grüßen.	*„Gedient" stellt den Leser auf einen Sockel.* *Das Wort „verbleiben" ist vom Inhalt her falsch. Es klingt, als sei der Autor unbeweglich („Wo ‚verbleibe' ich als Autor?").*	Konnten wir Ihnen damit weiterhelfen? Falls Sie Fragen haben, melden Sie sich gern. Mit freundlichen Grüßen

Im Kontrast dazu: „schützenswerte" altertümliche Wörter

Sie haben nun einige Floskeln kennengelernt, die altbacken und verstaubt klingen. Gleichwohl gibt es Wörter, die zwar altertümlich klingen, jedoch aus unserer Sicht „schützenswert" sind, da sie quasi vom Aussterben bedroht sind. Unsere Sprache ist ständig im Wandel und so verschwinden manche Wörter irgendwann plötzlich aus dem Sprachgebrauch. Wenn wir uns vor Augen führen, wie die modernen Medien unsere Sprache in sehr kurzer Zeit verändert haben, wird das besonders deutlich (Exkurs: Kommunikation in digitalen Zeiten S. 123). Daher macht es uns auch ein wenig Spaß, eine Lanze für altertümliche Wörter zu brechen. Das widerspricht zwar ein bisschen dem Kapitel „Floskeln vermeiden". Jedoch gibt es ein paar reizende alte Worte, die völlig in Vergessenheit geraten, wenn wir sie nicht benutzen. Wäre es nicht eine gute Maßnahme gegen die „Verrohung" der Sprache durch die modernen Medien, ein paar alte Worte vor dem Aussterben zu bewahren, indem Sie sie verwenden?

Eine beispielhafte und von uns erstellte Liste mit solchen Worten finden Sie in Tabelle 7.

Tabelle 7: Schützenswerte alte Wörter

Altes Wort („vom Aussterben bedroht“ und aus unserer Sicht „schützenswert“)	**Bedeutung**
Augenweide	erfreulicher Anblick
dufte	großartig, erstklassig
emsig	fleißig, konzentriert mit etwas beschäftigt
erquicken	neu beleben, stärken
famos	fabelhaft, ausgezeichnet
Fete	Party, Feier
Frechdachs	vorlautes Kind
hanebüchen	unverschämt, irrwitzig
jemandem gram sein	auf jemanden böse / sauer sein
just	gerade, genau, eben
keck	in einer charmanten Weise unbekümmert, respektlos; ein bisschen frech
kess	hübsch und ein bisschen frech
knorke	sehr gut, ausgezeichnet
Kokolores	Unsinn, Unfug
(sich) laben	(sich) stärken
Mumpitz	Unsinn, den man nicht zu beachten braucht
Reklame	Werbung
Schlingel	Kind, das zu Streichen aufgelegt ist
schwofen	tanzen (vor allem mit engem Körperkontakt)
Strolch	wilder kleiner Junge
Tölpel	ungeschickter, unbeholfener Mensch
Trottel	dummer Mensch
Unhold	bösartiger Mensch
unlängst	vor kurzer Zeit

Überflüssige Wörter streichen

Viele Wörter, die in Geschäftsbriefen geläufig sind, sind völlig überflüssig, da sie keine zusätzlichen Informationen liefern.

Sogenannte „Partizipien" können Sie fast immer streichen. Was sind Partizipien? Das sind Wörter, die von einem Verb abgeleitet werden, jedoch wie ein Adjektiv verwendet werden. Aus „mitteilen" wird beispielsweise „mitgeteilt", aus „einreichen" wird „eingereicht". Wenn Sie dem Leser schreiben „Vielen Dank für Ihren eingereichten Fragebogen." sagen Sie exakt das Gleiche wie mit der Aussage „Vielen Dank für Ihren Fragebogen". Denn dass der Fragebogen eingereicht wurde, liegt auf der Hand, sonst könnten Sie sich dafür nicht bedanken.

Versuchen Sie, in den folgenden Textbeispielen die überflüssigen Partizipien zu streichen:

Ihren eingereichten Unterlagen entnehmen wir …

Aus der am … eingegangenen E-Mail geht hervor, dass …

Aus den uns vorliegenden Unterlagen können wir ersehen, dass …

Zu Ihrem eingesendeten Antrag gibt es folgende Fragen:

Die von Ihnen mitgeteilte Auskunft …

Die von uns erbrachte Leistung beträgt …

Das an uns gerichtete Schreiben haben wir an ... weitergeleitet.

Vergleichen Sie nun Ihre Formulierungen mit den Beispiel-Lösungen in Tabelle 8. Auch hier gilt: Es gibt nicht die einzig richtige Musterlösung. Vielleicht haben Sie die Sätze ein wenig anders formuliert als wir. Wichtig ist vor allem, dass Sie jeweils das überflüssige Partizip gestrichen haben.

Tabelle 8: Lösungsvorschläge: Überflüssige Wörter streichen

Veraltet	Leserorientiert
Ihren eingereichten Unterlagen entnehmen wir ...	In Ihren Unterlagen steht ...
Aus der am ... eingegangenen E-Mail geht hervor, dass ...	Sie teilten uns in Ihrer E-Mail am ... mit, dass ...
Aus den uns vorliegenden Unterlagen können wir ersehen, dass ...	In Ihren Unterlagen steht ... / Aus Ihren Unterlagen geht hervor, dass ... (sofern es Unterlagen sind, die der Leser geschickt hat)
Zu Ihrem eingesendeten Antrag gibt es folgende Fragen:	Zu Ihrem Antrag haben wir folgende Fragen:
Die von Ihnen mitgeteilte Auskunft ...	Ihre Auskunft ...
Die von uns erbrachte Leistung beträgt ...	Unsere Leistung beträgt ... / Sie erhalten von uns ...
Das an uns gerichtete Schreiben haben wir an ... weitergeleitet.	Ihr Schreiben haben wir weitergeleitet an ...

Überflüssige Vorsilben streichen

Sie haben eben ein paar Beispiele für überflüssige Wörter kennengelernt. Ähnliches gilt für viele Vorsilben von Verben und Substantiven. Auch diese sind häufig überflüssig und geben dem Wort keine neue Bedeutung, liefern keine zusätzliche Information.

Sehen Sie sich folgende Sätze an und versuchen Sie, auf die überflüssigen Vorsilben zu verzichten:

Gern übersenden wir Ihnen ...

Wir haben für Sie ... überprüft.

Wir erwarten Ihre Rückantwort bis zum ...

Gern werden wir nachkontrollieren, ob ...

Wir werden den Raum ab dem ... anmieten.

Bitte überweisen Sie ..., damit wir die Unkosten decken können.

Falls Sie Rückfragen haben, melden Sie sich gern.

Vergleichen Sie Ihre Formulierungen mit der Tabelle 9.

Tabelle 9: Lösungsvorschläge: Überflüssige Vorsilben streichen

Veraltet	Leserorientiert
Gern übersenden wir Ihnen …	Gern senden wir Ihnen …
Wir haben für Sie … überprüft.	Wir haben für Sie … geklärt / geprüft.
Wir erwarten Ihre Rückantwort bis zum …	Bitte antworten Sie bis zum …
Gern werden wir nachkontrollieren, ob …	Gern werden wir prüfen, ob …
Wir werden den Raum ab dem … anmieten.	Wir werden den Raum ab dem … mieten.
Bitte überweisen Sie …, damit wir die Unkosten decken können.	Bitte überweisen Sie …, damit wir die Kosten decken können.
Falls Sie Rückfragen haben, melden Sie sich gern.	Falls Sie Fragen haben, melden Sie sich gern.

Welche der Worte in der linken Spalte verwenden Sie selbst häufig?

Notieren Sie sich diejenigen, die Sie am häufigsten verwenden, ohne Vorsilben und nehmen Sie sich vor, in Zukunft auf die Vorsilben zu verzichten. Denn Sie wissen nun: die Vorsilbe bringt keinen Gewinn oder Nutzen.

Einfach statt „doppelt gemoppelt" schreiben

Die „Rückantwort" beinhaltet nicht nur eine überflüssige Vorsilbe, sondern auch eine Dopplung. Denn eine Antwort ist immer ein „zurück".

Viele weitere Wörter sind „doppelt gemoppelt“, das heißt: des Guten zu viel.

Füllen Sie in folgender Tabelle die rechte Spalte aus:

Tabelle 10: Übung: Einfach statt doppelt gemoppelt

Doppelt gemoppelt	Einfach
weibliche Kandidatin	
Alternativmöglichkeit	
Rückerinnerung	
bereits schon	
zusammenaddieren	
zeitliche Verzögerung	
Bitte entschuldigen Sie die zeitliche Verzögerung.	
kooperative Zusammenarbeit	

Vergleichen Sie wieder mit Hilfe unserer Vorschläge (Tabelle 11).

Tabelle 11: Lösungsvorschläge: Einfach statt doppelt gemoppelt

Doppelt gemoppelt	Einfach
weibliche Kandidatin	Kandidatin
Alternativmöglichkeit	Alternative oder Möglichkeit
Rückerinnerung	Erinnerung
bereits schon	bereits oder schon
zusammenaddieren	addieren
zeitliche Verzögerung	Verzögerung
Bitte entschuldigen Sie die zeitliche Verzögerung.	Bitte entschuldigen Sie, dass ich mich erst jetzt (bei Ihnen) melde.
kooperative Zusammenarbeit	Zusammenarbeit (auch möglich: gute / angenehme Zusammenarbeit)

Darüber hinaus gibt es sehr viele andere Beispiele für solche Formulierungen.

Fragen Sie sich: Zu welchen doppelt gemoppelten Formulierungen neige ich? Vielleicht fallen Ihnen ja Wörter ein, die Sie nicht in der Tabelle finden:

Verzicht auf Konjunktive und „Weichmacher"

Wenn Sie Texte verfassen, schreiben Sie am besten verbindlich und konkret. Statt „Würden Sie uns bitte folgende Fragen beantworten: …" eignet sich eher „Bitte beantworten Sie uns folgende Fragen: …".

Ein typischer Weichmacher ist das Wort „möchten": „Wir möchten Sie bitten, …" oder „Wir möchten uns bei Ihnen dafür entschuldigen, dass …".

Auch die Worte „vielleicht" und „eigentlich" schwächen das Gesagte ab.

Nachfolgend finden Sie die nächste Übung:

Würden Sie bitte die folgenden Sätze umformulieren?

Wir möchten Sie bitten, nur die hinteren Parkplätze zu benutzen.

Wir möchten uns bei Ihnen dafür entschuldigen, dass …

Wir möchten Sie darauf hinweisen, dass …

Eigentlich gehen wir so vor: …

Können Sie uns vielleicht darüber in Kenntnis setzen?

Ich kann an dem Wochenende eigentlich nicht die Nachtschicht übernehmen.

In Tabelle 12 finden Sie ein paar Beispiel-Formulierungen.

Tabelle 12 Lösungsvorschläge: Verzicht auf Konjunktive und „Weichmacher“

Originalaussagen	Unser Vorschlag
Würden Sie bitte die folgenden Sätze umformulieren?	Bitte formulieren Sie die folgenden Sätze um.
Wir möchten Sie bitten, nur die hinteren Parkplätze zu benutzen.	Bitte benutzen Sie nur die hinteren Parkplätze.
Wir möchten uns bei Ihnen dafür entschuldigen, dass …	Bitte entschuldigen Sie, dass …
Wir möchten Sie darauf hinweisen, dass …	Bitte beachten Sie, dass …
Eigentlich gehen wir so vor: …	Wir gehen so vor: …
Können Sie uns vielleicht darüber in Kenntnis setzen?	Bitte setzen Sie uns darüber in Kenntnis.
Ich kann an dem Wochenende eigentlich nicht die Nachtschicht übernehmen.	Ich kann an dem Wochenende nicht die Nachtschicht übernehmen.

Wenn Sie das Wort „möchten" als Weichmacher verwenden, kann der Leser sich (zum Beispiel im dritten Satz der Übung) fragen: Wenn der Autor sich bei mir entschuldigen *möchte*, warum tut er es nicht einfach? Darüber hinaus wird in diesem Satz das Wort „entschuldigen" nicht korrekt verwendet. Streng genommen kann ich mich in der deutschen Sprache nicht selbst für etwas entschuldigen, sondern ich kann den anderen nur um Entschuldigung bitten.

In Einladungen wird sehr häufig das Wort „möchten" verwendet: „Wir möchten Sie herzlich einladen, …". Auch diese gebräuchliche Formulierung ist streng genommen nicht zielgerichtet. Wenn ich jemanden einladen *möchte*, dann sollte ich dies auch tun und ihn nicht nur über meinen Stimmungszustand aufklären.

Freilich ist das Wort „möchten" zuweilen ganz richtig. Immer dann nämlich, wenn der Autor wirklich etwas tun *möchte* und es noch ungewiss ist, ob es dazu kommt: „Wir möchten klären / herausfinden, ob …".

Abkürzungen, Fachbegriffe und Dialekt vermeiden oder erklären

Je mehr Abkürzungen und Fachbegriffe Ihr Text enthält, desto unverständlicher wird er für den Leser. Dies gilt vor allem für Abkürzungen, die nicht jeder kennt, wie zum Beispiel „u. U." (unter Umständen) oder „m. E." (meines Erachtens). Solche Abkürzungen sollten Sie ausschreiben.

Manchmal sind Abkürzungen im Text sinnvoll, zum Beispiel, wenn es eine Abkürzung ist, die mehrfach vorkommt und die als ausgeschriebenes Wort lang ist. Dann ist es am verständlichsten, wenn Sie das Wort zuerst ausschreiben und die Abkürzung in Klammern setzen. Nach dieser Einführung können Sie das Wort auch als Abkürzung schreiben. Dies ist dann für den Leser angenehmer, als wenn Sie das – meist lange – Wort jedes Mal ausschreiben würden. Zum Beispiel:

„Im Sozialgesetzbuch (SGB) ist geregelt, dass …". Im Anschluss können Sie dann die Abkürzung SGB verwenden – denn wenn Sie das Wort jedes Mal ausschreiben, wird der Text zu lang.

Gleiches gilt für Fachbegriffe. Am besten verzichten Sie entweder komplett auf den Fachbegriff oder Sie erläutern den Fachbegriff einmal verständlich, setzen das Fachwort in Klammern und können es danach auch verwenden.

Ausnahme: Wenn Sie sicher sind, dass Ihr Leser den Fachbegriff oder die Abkürzung kennt, ist es sogar für ihn verständlicher, wenn Sie diese auch nutzen. Zum Beispiel sollten Sie SGB von Beginn an als Abkürzung schreiben, wenn Sie sich an einen Juristen wenden. Ein Jurist würde sich sehr wundern, wenn Sie ihm erklären würden, was SGB bedeutet.

Folgende Sätze haben wir in Schreiben entdeckt, die von Unternehmen an ihre Kunden gingen:

- In der GBO ist geregelt, dass ...
- Der MDK stellt in seinem Gutachten fest, dass ...
- Der neu installierte WWZ hatte einen Anfangsstand von ...

Welche dieser Abkürzungen verstehen Sie? Alle Texte gingen an Leser, die im jeweiligen Thema Laien sind.

Auflösung:

- GBO heißt Grundbuchordnung
- MDK bedeutet „Medizinischer Dienst der Krankenversicherung"
- WWZ steht für den „Warmwasserzähler"

Ein besonderer Fall ist die Verwendung eines Dialekts. Auch hier hängt es maßgeblich davon ab, wer Ihre Zielgruppe ist. Auf der sicheren Seite sind Sie, wenn Sie grundsätzlich auf Dialekt verzichten und hochdeutsche Formulierungen verwenden. In dem Kochbuch „Knödel-Blues" von Rita Falk (2016) wurde der Dialekt pointiert eingesetzt, was bei dem Untertitel „Oma Eberhofers bayerisches Provinz-Kochbuch" auch angemessen erscheint. Viele der regionaltypischen Ausdrücke erklärt Falk dem nicht-bayerischen Leser in Form von Fotos. So erschließt sich schnell, was er sich unter Fleischpflanzerln, Reiberdatschi, Saures Lüngerl oder Knödelgröstl vorzustellen hat. Dennoch fühlt sich der Leser an einigen Stellen allein gelassen und kann einzelne Wörter nur aus dem Kontext heraus verstehen: „Das Fleisch wird ... in eine Bratreine gelegt". Was ist eine „Bratreine"? Das „geräucherte Wammerl" erklärt die Autorin glücklicherweise noch mit einem Zusatz in Klammern (Bauchfleisch). Was „Zesten von einer halben unbehandelten Zitrone" sind, bleibt uns leider unerschlossen.

Fragen Sie sich daher immer: Ist die Verwendung von Abkürzungen, Fachbegriffen und Dialekt zielführend, notwendig und verständlich für meine(n) Leser? Belustigende Beispiele für mangelnde Einfachheit hat auch Günther Zimmermann (2005) gefunden. So zitiert er aus einem Prospekt einer bedeutenden Software-Firma: „Funktionales Verständnis umfasst die Fragen, mit welchen Daten welche Verfahren sinnvolle Aussagen erwarten lassen" (Zimmermann 2005, 25). Dieser Satz ist auch nach mehrmaligem Lesen völlig unverständlich. Abstrakte Wörter erschweren dem Leser den Zugang: Was bedeutet „funktional" in diesem Zusammenhang? Von welchen Verfahren ist hier die Rede? Es handelt sich um einen Satz ohne konkrete Aussage.

Aktiv schreiben

Benennen Sie die handelnden Personen! Dann wirkt Ihr Text gleich viel lebendiger und ansprechender.

Lesen Sie aus Kundensicht: „Dabei wurde eine Erstattung in Höhe von 65 € vorgenommen“ im Vergleich zu: „Sie erhalten eine Erstattung von 65 €“. Da Sie den Sie-Stil schon kennengelernt haben, ist dies für Sie schon bekannt: Der Sie-Stil ist immer aktiv! Darüber hinaus gibt es jedoch Sätze, in denen Sie den Sie-Stil nicht anwenden können, da die handelnde Person nicht der Leser ist. Auch hier ist die aktive Schreibweise für den Leser dynamischer.

„Es wurde uns von der Fachabteilung X mitgeteilt, dass …“. Hier wirkt es lebendiger, die handelnden Personen zu benennen: „Die Fachabteilung X teilte uns mit, dass …“.

Viele Texte sind unnötig passiv formuliert und wirken daher auf den Leser recht ermüdend.

Ausnahme: Wann ist die passive Form geeigneter?

Wenn Ihr Text eine negative Nachricht beinhaltet, ist die passive Form allerdings sehr gut geeignet. Dies haben Sie in ähnlicher Form schon beim „Sie-Stil“ kennengelernt. Hierzu drei Beispiele in aktiver Form:

1. Sie haben uns bis heute nicht geantwortet.
2. Sie müssen die Kosten selbst tragen.
3. Wir können Ihren Bonus nicht anerkennen.

Wie wirkt das erste Beispiel auf Sie? Hier ist die aktive Form identisch mit dem Sie-Stil. Daher hört sich der Satz vorwurfsvoll an.

Was ist das Kritische am zweiten Satz? Zum einen löst das Wort „müssen“ bei vielen Lesern Widerstand aus. Zum anderen könnte der Leser das Gefühl bekommen, dass sich die Entscheidung gegen ihn persönlich richtet und ggf. ein anderer Kunde die Kosten erstattet bekommt.

Was ist nun das Problematische im dritten Satz? Hier liest der Leser zwar nicht das Wort „müssen“, dennoch kann er das Gefühl bekommen, dass sich die Entscheidung gegen ihn richtet und ein anderer Kunde den Bonus eventuell bekommt. Wenn es sich um eine Ablehnung handelt, schließt der Leser aus einer aktiven Formulierung, dass er schuld daran ist, dass sein Wunsch nicht erfüllt wird.

Wir merken uns also:

TIPP

Wenn ich dem Empfänger eine negative Nachricht übermittle, ist die passive Form meist besser geeignet als die aktive.

Formulieren Sie nun die folgenden Sätze bitte entsprechend um:
Der Kunde wird darüber innerhalb der nächsten 14 Tage in Kenntnis gesetzt.

____

____

Sie müssen die Kosten selbst tragen.

____

____

Des Weiteren wurde uns zugesichert, dass die entsprechenden Unterlagen nachgereicht werden.

____

____

Sie haben uns noch immer nicht geantwortet.

____

____

Wir machen für Sie keine Ausnahme.

____

____

Ein Formular wird Ihnen zugesandt.

____

____

Beispiele für umformulierte Sätze finden Sie in Tabelle 13.

Tabelle 13: Lösungsvorschläge: Aktiv schreiben

Originale Formulierung	Überarbeitete Formulierung
Der Kunde wird darüber innerhalb der nächsten 14 Tage in Kenntnis gesetzt.	Wir geben Ihnen innerhalb der nächsten 14 Tage Bescheid. (aktiv)
Sie müssen die Kosten selbst tragen.	Diese Kosten sind vom Kunden selbst zu tragen. (passiv, da negativer Inhalt)
Des Weiteren wurde uns zugesichert, dass die entsprechenden Unterlagen nachgereicht werden.	Frau X sicherte uns zu, dass sie die Unterlagen nachreicht. (aktiv)
Sie haben uns noch immer nicht geantwortet.	Ihre Antwort ist bei uns noch nicht eingegangen. (passiv) / Wir haben Ihre Antwort noch nicht erhalten. (Wir-Stil)
Wir machen für Sie keine Ausnahme.	Es ist uns leider nicht möglich, eine Ausnahme zu machen. (Es-Stil)
Ein Formular wird Ihnen zugesandt.	Sie erhalten ein Formular.

Verben statt Substantive nutzen

Das typische verstaubte „Behördendeutsch“ zeichnet sich durch viele sogenannte Substantivierungen aus: „Zur Prüfung Ihres Anspruchs auf Kostenübernahme bitten wir Sie um Einreichung der Unterlagen …“.

Wenn Sie Ihren Leser modern ansprechen möchten, verwenden Sie stattdessen lieber Verben: „Gern prüfen wir für Sie, ob wir die Kosten übernehmen können. Bitte senden Sie uns hierzu die Unterlagen …“.

Verben wirken lebendiger und machen Ihren Text leichter verständlich.

Versuchen Sie als Übung zunächst, folgende Formulierungen (in der linken Spalte) in einfache Verben zu übersetzen und schreiben Sie Ihre Vorschläge in die rechte Spalte:

Tabelle 14: Übung: Verben statt Substantive

Substantivierung	Verb
mit der Unterschrift versehen	
die Prüfung vornehmen	
in Beantwortung	
die Erstattung vornehmen	
einen Antrag stellen	
eine Feststellung machen	
zur Kenntnis bringen	
zum Abschluss bringen	
eine Abstimmung vornehmen	
eine Kontrolle durchführen	
eine Wiederaufnahme veranlassen	
eine Benachrichtigung vornehmen	
eine Überweisung in Auftrag geben	
die Zustimmung erteilen	

Unser Lösungsvorschlag findet sich in Tabelle 15.

Tabelle 15: Lösungsvorschlag: Verben statt Substantive

Substantivierung	Verb
mit der Unterschrift versehen	unterschreiben
die Prüfung vornehmen	prüfen
in Beantwortung	beantworten
die Erstattung vornehmen	erstatten
einen Antrag stellen	beantragen
eine Feststellung machen	feststellen
zur Kenntnis bringen	mitteilen/informieren
zum Abschluss bringen	abschließen
eine Abstimmung vornehmen	abstimmen
eine Kontrolle durchführen	kontrollieren
eine Wiederaufnahme veranlassen	wieder aufnehmen lassen
eine Benachrichtigung vornehmen	benachrichtigen
eine Überweisung in Auftrag geben	überweisen
die Zustimmung erteilen	zustimmen

Sie sehen: Häufig – jedoch nicht immer – erkennen Sie Substantivierungen an der Endung „-ung“. Darüber hinaus haben Sie auf der rechten Seite meist nur ein Wort, während die Substantivierung aus mehreren Wörtern besteht.

Nun formulieren Sie die Sätze bitte so um, dass sie Verben anstelle von bürokratischen Substantivierungen enthalten:

Bitte entschuldigen Sie die zeitliche Verzögerung.

Zur Beantwortung von Fragen stehe ich Ihnen zur Verfügung.

Bitte versehen Sie den Vertrag mit Ihrer Unterschrift.

Für eine Erstattung ist die Vorlage eines ärztlichen Attestes notwendig.

Zur Prüfung einer möglichen Inanspruchnahme der Leistung bitten wir um Einreichung des Formulars.

Wir bitten um Mitteilung, ob …

Wir bestätigen den Eingang Ihres Schreibens.

Vergleichen Sie Ihre Sätze nun wieder mit unseren Vorschlägen (Tabelle 16).

Tabelle 16: Lösungsvorschläge: Lebendige Verben statt bürokratischer Substantivierungen

Satz mit Substantivierung	Unser Vorschlag
Bitte entschuldigen Sie die zeitliche Verzögerung.	Bitte entschuldigen Sie, dass ich mich erst heute (bei Ihnen) melde.
Zur Beantwortung von Fragen stehe ich Ihnen zur Verfügung.	Gern beantworte ich Ihre Fragen. / Falls Sie Fragen haben, melden Sie sich gern.
Bitte versehen Sie den Vertrag mit Ihrer Unterschrift.	Bitte unterschreiben Sie den Vertrag. / Bitte senden Sie uns den unterschriebenen Vertrag.
Für eine Erstattung ist die Vorlage eines ärztlichen Attestes notwendig.	Gern erstatten wir Ihnen den Betrag. Senden Sie uns hierzu bitte ein ärztliches Attest. / (Oder, falls dies noch geprüft werden muss:) Bitte senden Sie uns ein ärztliches Attest. Gern prüfen wir dann für Sie, ob …
Zur Prüfung einer möglichen Inanspruchnahme der Leistung bitten wir um Einreichung des Formulars.	Bitte senden Sie uns das Formular, damit wir für Sie prüfen können, ob …
Wir bitten um Mitteilung, ob …	Bitte teilen Sie uns mit, ob …
Wir bestätigen den Eingang Ihres Schreibens.	Vielen Dank für Ihr Schreiben.

Verzicht auf Verneinungen

Denken Sie jetzt *nicht* an einen roten Elefanten. Sehen Sie, wie das rote Rüsseltier vor Ihrem geistigen Auge entsteht?

Verzichten Sie auf Verneinungen, wo immer dies möglich ist. Statt „Es wird *keine* betriebsbedingten Kündigungen geben“, können Sie schreiben „Wir nutzen die natürliche Fluktuation“ oder „Ihr Arbeitsplatz ist sicher“.

Sie bewirken mit der Verneinung oft genau das Gegenteil von dem, was Sie meinen: „Ich möchte Ihnen *nicht* zu nahe treten“, leitet automatisch ein grenzüberschreitendes Feedback ein – und das spürt der Empfänger. Schreiben Sie positiv. Verzichten Sie auf die Verneinungsformen: nicht, kein(e), nie …

„Das Unbewusste erkennt kein Nein!“, wird oft kühn behauptet. Tatsächlich ist es so, dass unser Gehirn Verneinungen oft schwer verarbeiten kann.

Abbildung 38: „Denken Sie *nicht* an einen roten Elefanten."

Wenn die Führungskraft ihren Mitarbeitern in einer E-Mail schreibt: „Es wird keine Entlassungen geben", wird ein Teil der Belegschaft verstehen: Es wird Entlassungen geben. Wenn der Zahnarzt zu einem Kind, das zum ersten Mal bei ihm ist, sagt: „Du brauchst keine Angst zu haben!", wird das Kleine wahrscheinlich Angst verspüren, auch wenn es bis eben noch sorglos im Wartezimmer saß.

TIPP

Seien Sie vorsichtig mit Verneinungen – sie rufen beim Leser etwas ins Bewusstsein, was Sie vielleicht gerade vermeiden wollen.

Außerdem tragen positive Formulierungen zu einer guten Atmosphäre bei. Es klingt einfach viel freundlicher, wenn Sie schreiben „Bitte denken Sie daran, Ihre Rate zu zahlen" als „Sie haben die letzte Rate noch nicht gezahlt".

Versuchen Sie sich bitte einmal selbst an positiven Formulierungen:
Das war nicht schlecht.

____

____

Du siehst gar nicht mehr so müde aus wie vor deinem Urlaub.

Das ist kein Problem.

Mach dir keinen Stress.

Ich möchte Sie nicht belästigen, und ich habe auch nicht vor, Sie zu überreden.

Daher ist eine Änderung unserer Entscheidung leider nicht möglich.

Ich bin urlaubsbedingt vom 29. Mai bis 7. Juni nicht im Büro erreichbar.

Nicht alle Zahnbehandlungen sind über Ihre Chipkarte versichert.

Sie haben leider übersehen, uns im Antrag den Verzicht auf den Zusatzschutz (ergänzend zum Standard-Paket) durch eine Unterschrift zu erklären.

Unser Lösungsvorschlag findet sich in Tabelle 17.

Tabelle 17: Lösungsvorschlag: Positive Formulierungen

Negative Formulierung – so lieber nicht!	**Positive Formulierung – ja bitte!**
Das war nicht schlecht.	Das war (schon) gut.
Du siehst gar nicht mehr so müde aus wie vor Deinem Urlaub.	Du siehst gut erholt aus.
Das ist kein Problem.	Das schaffen wir. / Das mache ich gern für Sie.
Mach dir keinen Stress.	Bitte lass dir Zeit.
Ich möchte Sie nicht belästigen, und ich habe auch nicht vor, Sie zu überreden.	Ich frage Sie offen: …?
Daher ist eine Änderung unserer Entscheidung leider nicht möglich.	Daher bleiben wir bei unserer Entscheidung.
Ich bin urlaubsbedingt vom 29. Mai bis 7. Juni nicht im Büro erreichbar.	Ab dem 8. Juni bin ich wieder (für Sie) im Büro erreichbar.
Nicht alle Zahnbehandlungen sind über Ihre Chipkarte versichert.	Über Ihre Chipkarte sind folgende Zahnbehandlungen versichert: – … – … – …
Sie haben leider übersehen, uns im Antrag den Verzicht auf den Zusatzschutz (ergänzend zum Standard-Paket) durch eine Unterschrift zu erklären.	Sie teilten uns mit, dass Sie nur das Standard-Paket möchten. Bitte unterschreiben Sie hierfür noch Ihren Antrag in Zeile X.

Bei den Wahlplakaten in Abbildung 39 bzw. 40 kann man den Unterschied sehen, wie eine Aussage mit und ohne Verneinung wirkt.

Tatsächlich überlesen wir die Verneinungsform häufig, da unser Gehirn so programmiert ist. Testen Sie selbst: Was lesen Sie bei dem Wahlplakat in Abbildung 39 auf den ersten Blick?

Haben Sie die Kernbotschaft auf Anhieb verstanden? Der Text machte uns stutzig: „Wir warten mit Straßensanierung und Breitbandausbau nicht bis 2030“. Was kam bei uns an? Beim ersten flüchtigen Lesen genau das Gegenteil: „Wir warten mit Straßensanierung und Breitbandausbau bis 2030“. Bei dem Wort „nicht“ war unsere Aufmerksamkeit geringer als zu Beginn des Satzes.

Abbildung 39: Wahlplakat mit ungünstiger Verneinung

Abbildung 40: Wahlplakat ohne Verneinung

Dies ist übrigens ein typisches Phänomen in der Aufmerksamkeitspsychologie. Was zu Beginn des Satzes steht, wird mit höherer Aufmerksamkeit gelesen als das, was gegen Ende folgt. Daher sollten Sie Wichtiges zu Beginn des Satzes schreiben (Kap. 2.2.3).

Viel klarer und verständlicher ist aus unserer Sicht die Schreibweise ohne Verneinung. Doch entscheiden Sie bitte selbst.

Völlig unabhängig von der Partei, für die das jeweilige Plakat steht, finden wir das zweite Plakat verständlicher.

Dennoch: Zuweilen möchten auch wir auf das Wort „nicht" *nicht* verzichten. Denn manchmal ist der Verzicht auf „nicht" umständlicher. Sie erinnern sich an das Hinweisschild am Staudamm: „Bitte lassen Sie die Steine außerhalb des Stausees liegen" wäre als Appell nicht besonders wirksam.

Gliederung / Ordnung

Dieser Punkt bezieht sich auf die innere Ordnung *und* die äußere Gliederung eines Textes. Was bedeutet das? Ein Text ist verständlich, wenn die Informationen in sinnvoller Reihenfolge dargeboten werden. Die einzelnen Aussagen und Sätze sind in sich schlüssig aufeinander bezogen. Außerdem unterstreicht eine äußere Gliederung den Aufbau des Textes. Hierfür können Sie Nummerierungen und Aufzählungszeichen nutzen, aber auch Absätze mit Leerzeilen.

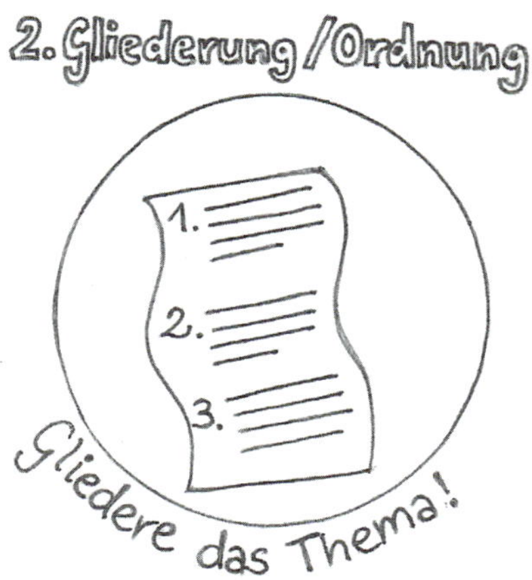

Abbildung 41: Gliederung / Ordnung

Ansprechender Aufbau eines Textes

Was ist Ihr Ziel? Was ist Ihr roter Faden auf dem Weg zum Ziel? Diese beiden Fragen sollten Sie „im Schlaf" beantworten können. Dann wird Ihr Text für den Empfänger verständlich sein. Die Autorin Michaela Muschitz (2010, 19) bringt es auf den Punkt:

> „Vor dem Schreiben kommt das Denken".

Die Gliederung / Ordnung bezieht sich auf drei Bestandteile Ihres Textes:

1. einen gelungenen Einstieg,
2. einen logisch aufgebauten Hauptteil sowie
3. einen aktivierenden Abschluss.

Einen gelungenen Einstieg wählen

Um die Aufmerksamkeit des Lesers zu fesseln, ist ein gelungener Einstieg das Wichtigste. Denn der erste Eindruck bleibt dem Leser besonders stark in Erinnerung. Stellen Sie sich vor, Sie lernen einen Menschen neu kennen. Aufgrund des ersten Eindrucks machen Sie sich sofort ein Bild von dem anderen: Ist er Ihnen sympathisch/unsympathisch? Halten Sie ihn für kompetent/inkompetent? Dies geschieht alles in den ersten Sekunden. Danach entscheiden Sie, ob Sie Ihrem Gegenüber mit Aufmerksamkeit und Interesse begegnen oder nicht. Dasselbe gilt auch für Texte: Der erste Eindruck (Betreff/Überschrift und erste Sätze) entscheidet darüber, ob Ihr Leser den Text mit Interesse weiterliest oder ob er gedanklich abschaltet und ihn beiseitelegt. Selbstverständlich kann ein negativer erster Eindruck später „ausgebügelt" werden (wie bei Menschen auch). Dies ist jedoch ungleich schwerer und kostet Energie, so dass gilt:

TIPP

Nutzen Sie mit einem gelungenen Einstieg die Chance, die Aufmerksamkeit Ihres Lesers zu wecken!

Ein gelungener Einstieg fängt schon mit dem Betreff an. Ihr Betreff sollte so knackig formuliert sein wie eine Schlagzeile in der Zeitung. Nutzen Sie also die Chance, in wenigen Worten die Kernaussage Ihres Textes zusammenzufassen und dadurch Neugier zu wecken. Das kleine Wort „Ihr/e" kann da schon viel bewegen. Anstatt „Schreiben vom 10.10.2018" kann als Betreff zum Beispiel stehen: „Ihre Anfrage – unser Angebot" oder „Besitzerwechsel – Ihre Immobilie in neuen Händen".

TIPP

Versuchen Sie, den Betreff auf maximal sieben Wörter zu beschränken.

Nach dem Betreff folgen die ersten Sätze. Das heißt, das ist Ihre Chance, das Interesse des Lesers durch geschickte Ansprache zu gewinnen! Wenn Sie verstaubte Floskeln verwenden wie „bezugnehmend auf Ihr Schreiben vom … möchten wir Ihnen mitteilen, dass …", verliert Ihr Leser vermutlich schon gleich zu Beginn die Lust darauf, weiterzulesen. Im schlimmsten Fall legt er Ihren Text gelangweilt beiseite und liest ihn nicht bis zum Ende. Ein gelungener Einstieg zeichnet sich dadurch aus, dass der Leser persönlich angesprochen wird. Ideal ist hier der „Sie-Stil".

Hierzu haben wir wieder eine Übung für Sie. Überlegen Sie, wie Sie die Anfangssätze so umformulieren können, dass der Leser bei Laune gehalten wird:

Sehr geehrter Herr Müller,
zu Ihrer Stornierung benötigen wir noch die Bestell-Nummer.

Sehr geehrte Frau Maier,
in Beantwortung Ihres Schreibens vom ... teile ich Ihnen mit, dass ...

Sehr geehrter Herr Schmidt,
die Meldung über die Änderung Ihrer Bankverbindung haben wir zur Kenntnis genommen.

Sehr geehrter Herr Ehlhorn,
bezugnehmend auf Ihre Anfrage teilen wir Ihnen mit, dass ...

Sehr geehrte Frau Sandmann,
mit unserem Schreiben vom ... hatten wir Sie aufgefordert, den Fragebogen innerhalb von fünf Tagen einzureichen.

Sehr geehrter Herr Fink,
leider muss ich Ihnen mitteilen, dass ...

Sehr geehrte Frau Wischer,
die Meldung über den Unfall haben wir zur Kenntnis genommen.

Vergleichen Sie auch hier Ihre Formulierungen mit unseren Vorschlägen in Tabelle 18.

Tabelle 18: Lösungsvorschläge: Gelungener Einstieg

Langweiliger Einstieg	Anregender Einstieg
Sehr geehrter Herr Müller, zu Ihrer Stornierung benötigen wir noch die Bestell-Nummer.	Sehr geehrter Herr Müller, Sie teilten uns mit, dass Sie den Artikel stornieren möchten. Bitte geben Sie uns hierfür noch Ihre Bestellnummer durch.
Sehr geehrte Frau Maier, in Beantwortung Ihres Schreibens vom … teile ich Ihnen mit, dass …	Sehr geehrte Frau Maier, vielen Dank für Ihr Schreiben. Gern beantworte ich Ihre Fragen: …
Sehr geehrter Herr Schmidt, die Meldung über die Änderung Ihrer Bankverbindung haben wir zur Kenntnis genommen.	Sehr geehrter Herr Schmidt, vielen Dank, dass Sie uns Ihre neue Bankverbindung mitgeteilt haben.
Sehr geehrter Herr Ehlhorn, bezugnehmend auf Ihre Anfrage teilen wir Ihnen mit, dass …	Sehr geehrter Herr Ehlhorn, Sie fragten nach … Gern …
Sehr geehrte Frau Sandmann, mit unserem Schreiben vom … hatten wir Sie aufgefordert, den Fragebogen innerhalb von fünf Tagen einzureichen.	Sehr geehrte Frau Sandmann, haben Sie unseren Fragebogen erhalten?
Sehr geehrter Herr Fink, leider muss ich Ihnen mitteilen, dass …	Sehr geehrter Herr Fink, vielen Dank für Ihre Anfrage. Sie baten mich, … Dies ist nur möglich, wenn …
Sehr geehrte Frau Wischer, die Meldung über den Unfall haben wir zur Kenntnis genommen.	Sehr geehrte Frau Wischer, vielen Dank, dass Sie uns den Unfall so zügig gemeldet haben. Hoffentlich haben Sie sich mittlerweile von dem Schock erholt.

Den Hauptteil logisch aufbauen

Folgende Fragen sollten Sie mit „Ja" beantworten können, wenn Sie Ihren Text logisch und nachvollziehbar aufgebaut haben (Muschitz 2010):

- Ist die Reihenfolge für den Leser leicht nachvollziehbar?
- Führe ich gut von Absatz zu Absatz?
- Weisen meine Überschriften (falls vorhanden) den Weg?

- Sind meine Absätze gut strukturiert?
- Springen die wichtigsten Punkte ins Auge?

In ihrem Buch „Sich verständlich ausdrücken“ beziehen sich Langer und Kollegen (2015) auf die Kriterien:

1. Äußere Gliederung: Diese sollte das Lesen erleichtern. Hilfreich dabei sind:
   - Absätze
   - Unterabschnitte
   - Überschriften
   - unterschiedliches Schriftbild
2. Innere Ordnung: Hierbei sollte der Hauptteil schlüssig und nachvollziehbar sein.
3. Logische Verknüpfung: Sie kann im Hauptteil durch geeignete Bindewörter gesteigert werden. Beispiele hierfür:
   - zunächst
   - gleichzeitig
   - anschließend
   - obwohl

Dadurch werden zeitliche *und* logische Beziehungen kenntlich gemacht.

Einen aktivierenden Abschluss formulieren

Der Abschluss bleibt – ähnlich wie der Einstieg – besonders stark im Gedächtnis des Lesers haften. Zum Ende Ihres Textes haben Sie daher nochmal die Chance, das anzubringen, was Ihnen besonders wichtig – oder für den Leser besonders von Interesse ist.

TIPP

Sprechen Sie den Leser am Ende noch einmal direkt an.

Am besten beenden Sie Ihren Text mit

- einem persönlichen Wunsch („Für Ihren Berufseinstieg wünschen wir Ihnen alles Gute.“) oder
- einem Appell („Falls Sie Fragen haben, rufen Sie mich gern an.“).

So fühlt sich der Leser willkommen – das wirkt sich positiv auf die Beziehungsebene aus – und er merkt, dass Sie ihn individuell anschreiben. Vor allem, wenn Sie mit Textbausteinen arbeiten, lohnt es sich, am Ende einen individuellen Wunsch einzufügen, der speziell auf die Situation des Lesers passt. So wird Ihr Leser das Gefühl haben, dass Sie *ihn* meinen, selbst wenn Teile Ihres Textes Standard-Formulierungen sind.

Übersichtliche Gliederung

Zusätzlich zum logischen Aufbau gehört zum Verständlichmacher „Gliederung/Ordnung" die äußere Gliederung des Textes.

Achten Sie bitte darauf, dass Ihr Text inhaltlich und „äußerlich" (strukturell) gut gegliedert ist. Nutzen Sie die Mittel, die Ihnen durch die digitalen Schreibprogramme zur Verfügung stehen. Bestenfalls entstehen „kleine Informationshappen" (Muschitz 2010, 17) für den Leser. Pro Absatz sollte ein Argument/eine Information behandelt werden. Das nächste Argument/die nächste Information kommt in den nächsten Absatz. Überprüfen Sie, was für Ihren Leser verständlicher ist:

- Aufzählungen,
- Tabellen oder
- Fließtext?

Wo können Sie Geschriebenes evtl. durch eine gut verständliche Zeichnung oder Infografik unterstützen? Erfreulich ist es, wenn Ihre wichtigsten Aussagen im Text dem Leser sofort ins Auge springen. Wie können Sie das erreichen? Richtig: Sie heben sie hervor. Die Technik macht es möglich und stellt uns zahlreiche Mittel zur Verfügung:

- Nummerierungs- und Aufzählungszeichen
- **fette** Buchstaben
- farbige Abschnitte
- <u>unterstrichene</u> oder *kursiv gesetzte* Wörter
- usw.

Wenn Sie ein neues Thema einleiten, machen Sie einen (sichtbaren) Absatz. Für geschäftliche E-Mails und Briefe schreibt sogar die DIN-Norm vor, dass Sie zwischen zwei Absätzen immer eine Leerzeile einfügen (DIN 5008). Der Vorteil für Ihren Leser: Er kann nach einem Absatz den Inhalt besser sacken lassen. Außerdem sieht er auf den ersten Blick: Dieser Text ist in einzelne überschaubare Abschnitte eingeteilt. Das steigert die Leselust.

Ein weiteres Beispiel zum Thema „Gliederung/Ordnung“: In „Dematerialisierung – Die Neuverteilung der Welt in Zeiten des digitalen Darwinismus“ von Ralf Kreutzer und Karl-Heinz Land (2015) mit verschiedenen Gliederungs- und Ordnungshilfen. Es gibt zum Beispiel:

- Eine so genannte Management Summary, also eine Zusammenfassung des Buches, gleich am Anfang – sie macht Lust auf mehr.
- Kernthesen, die mit Aufzählungszeichen Schritt für Schritt präsentiert werden. Zu jeder These ließe sich hervorragend (kontrovers) diskutieren. Sie werfen Fragen auf, zu denen sich der Leser im Buch Antworten erhofft.
- Merk-Boxen – sie fassen längere Textabschnitte präzise zusammen und erleichtern dem Leser das Verständnis.
- Check-Boxen – mit praktischen Aufgaben für den Leser. Dadurch wird ein Transfer des Gelesenen sichergestellt.
- Think-Boxen – mit offenen Fragen, die den Leser zum Nachdenken einladen.
- Grafiken, die den Inhalt visuell unterstützen und ihn attraktiv und verständlicher machen.
- Äußere Gliederung, z.B. 1. Schritt bis 6. Schritt auf dem Weg der Dematerialisierung.

Was bedeutet der Verständlichmacher Gliederung/Ordnung für Sie?

1. Innere Ordnung: Bauen Sie Ihren Text logisch auf und lassen Sie einen roten Faden erkennen. Bieten Sie die Informationen in einer sinnvollen Reihenfolge dar.
2. Äußere Gliederung: Machen Sie den Aufbau des Textes sichtbar. Heben Sie Wichtiges hervor und bilden Sie sinnvolle Absätze. Beachten Sie dabei, Absätze mit einer Leerzeile voneinander zu trennen. Gliedern Sie den Text durch Nummerierungen oder Aufzählungszeichen.

Kürze / Prägnanz

Abbildung 42: Kürze / Prägnanz

In der Kürze liegt die Würze. Dies gilt für gesprochene Sprache sowie für Texte. Wenn Sie die Aufmerksamkeit Ihres Lesers gewinnen möchten, sollten Sie unnötige Wiederholungen vermeiden.

Inhalte auf den Punkt bringen

Beim Verständlichmacher „Kürze / Prägnanz“ geht es darum, die Inhalte auf den Punkt zu bringen. Theoretisch kann ein Text ja aus kurzen Sätzen bestehen und dennoch insgesamt viele Wiederholungen beinhalten oder Nebenaspekte beleuchten. Dies zieht einen Text dann unnötig in die Länge.

Daher sollten Sie darauf achten, dass Sie Wiederholungen vermeiden und sich auf das Wesentliche konzentrieren. Stellen Sie sich beim Schreiben folgende Fragen:

- Wie lautet meine Kernbotschaft?
- Welche Informationen braucht mein Leser, um die Kernbotschaft zu verstehen?
- Mut zur Lücke: Was kann ich weglassen?

Vieles, was für den Autor interessant scheint, ist für den Leser überflüssig. Wenn Sie als Autor zu sehr ins Detail gehen, wird dadurch nicht nur ihr Text länger, sie nehmen dem Leser auch die Chance, das Wesentliche auf Anhieb zu erkennen. Das heißt: Auch (oder gerade) wenn Sie als Experte besonders gut über ein Thema Bescheid wissen und viele Details kennen: Verabschieden Sie sich von Informationen, die der Leser nicht braucht.

Auch hierzu wieder eine kleine Übung. Versuchen Sie, die folgenden Sätze klar und verständlich zu formulieren:

Wir danken Ihnen für das uns entgegengebrachte Vertrauen und bitten Sie, sollten Sie zu diesem Thema oder darüber hinaus noch Fragen haben, nicht zu zögern, sondern unter oben angegebener Rufnummer oder unter info@mustermann.de Kontakt zu uns aufzunehmen.

Im Zusammenhang mit den Heizkörperwechseln und den Ummontagen der Heizkostenverteiler müssen auch die Messampullen 2017, welche üblicherweise nach den Jahresendablesungen auf der rechten Seite der Heizkostenverteiler für ein Jahr zu Kontrollzwecken hinterlegt werden, abhandengekommen sein, so dass die von den Mietern gewünschte Kontrollablesung nicht mehr durchgeführt werden konnte.

Unsere Firma kann in diesem Zusammenhang weder beurteilen, nach welchen Kriterien die Mustermann GmbH im Störungsfall ihren Betrieb vornimmt noch bewertet sie, inwieweit alle Kommunikationsmöglichkeiten genutzt werden.

Reichen Sie uns bitte, sofern Ihnen noch Rechnungskopien zu diesem Vorgang vorliegen, diese ein, damit wir die Prüfung vornehmen können, ob eine Erstattung der Kosten gegebenenfalls möglich ist.

Leider müssen wir Ihnen mitteilen, dass wir, auch nachdem wir den Sachverhalt erneut geprüft haben, zu dem Schluss gekommen sind, dass eine Änderung unserer Entscheidung nicht möglich ist.

Da der gesamte Schulungskatalog im Zuge der Mitarbeitergespräche im Januar bereits veröffentlicht werden soll, spricht trotzdem nichts gegen eine Bekanntmachung der Webinartermine am Hauptseminar „Kommunikation", auch wenn die Einstellung der tatsächlichen Termine in WB Online bzw. die Freischaltung der Termine erst für Ende Februar geplant ist.

Unsere Lösungsvorschläge finden Sie in Tabelle 19.

Tabelle 19: Lösungsvorschläge: Inhalte auf den Punkt bringen

Originaltext	Unser Vorschlag
Wir danken Ihnen für das uns entgegengebrachte Vertrauen und bitten Sie, sollten Sie zu diesem Thema oder darüber hinaus noch Fragen haben, nicht zu zögern, sondern unter oben angegebener Rufnummer oder unter info@mustermann.de Kontakt zu uns aufzunehmen.	Vielen Dank für Ihr Vertrauen. Haben Sie dazu Fragen? Dann melden Sie sich gern.

Fortsetzung von Tabelle 19

Originaltext	Unser Vorschlag
Im Zusammenhang mit den Heizkörperwechseln und den Ummontagen der Heizkostenverteiler müssen auch die Messampullen 2017, welche üblicherweise nach den Jahresendablesungen auf der rechten Seite der Heizkostenverteiler für ein Jahr zu Kontrollzwecken hinterlegt werden, abhandengekommen sein, so dass die von den Mietern gewünschte Kontrollablesung nicht mehr durchgeführt werden konnte.	Vermutlich sind die Messampullen von 2017 abhandengekommen, als die Heizkörper gewechselt wurden. Daher konnte die Kontrollablesung nicht mehr durchgeführt werden. (zwei Sätze statt einem)
Unsere Firma kann in diesem Zusammenhang weder beurteilen, nach welchen Kriterien die Mustermann GmbH im Störungsfall ihren Betrieb vornimmt noch bewertet sie, inwieweit alle Kommunikationsmöglichkeiten genutzt werden.	Wir haben keinen Einfluss darauf, wie die Mustermann GmbH bei Störungen vorgeht.
Reichen Sie uns bitte, sofern Ihnen noch Rechnungskopien zu diesem Vorgang vorliegen, diese ein, damit wir die Prüfung vornehmen können, ob eine Erstattung der Kosten gegebenenfalls möglich ist.	Haben Sie noch eine Kopie der Rechnung? Dann schicken Sie uns diese bitte. Gern prüfen wir für Sie, ob wir Ihnen die Kosten erstatten können. (drei Sätze statt einem)
Leider müssen wir Ihnen mitteilen, dass wir, auch nachdem wir den Sachverhalt erneut geprüft haben, zu dem Schluss gekommen sind, dass eine Änderung unserer Entscheidung nicht möglich ist.	Bitte haben Sie Verständnis dafür, dass wir bei unserer Entscheidung bleiben. Gern erläutere ich Ihnen die Gründe: …
Da der gesamte Schulungskatalog im Zuge der Mitarbeitergespräche im Januar bereits veröffentlicht werden soll, spricht trotzdem nichts gegen eine Bekanntmachung der Webinartermine am Hauptseminar „Kommunikation“, auch wenn die Einstellung der tatsächlichen Termine in WB Online bzw. die Freischaltung der Termine erst für Ende Februar geplant ist.	Wir können die Webinartermine für das Hauptseminar „Kommunikation“ gern schon jetzt bekannt geben. Die tatsächlichen Termine werden erst Ende Februar eingestellt und freigeschaltet.

Ein kleines „Schmankerl“: die Sprichwörterwerkstatt

In „50 Ein-Minuten-Tipps für erfolgreiche Kommunikation“ (Bozek 1992) haben wir eine Übung zum Thema Kürze und Prägnanz gefunden, die uns sehr gefiel. Denn auf anschauliche Weise verdeutlicht der Autor hier, wie schwer verständlich das typische Bürokratendeutsch ist – ganz im Gegensatz zu Sprichwörtern, die mit wenig Text Inhalte präzise auf den Punkt bringen. Sprichwörter werden in der Regel von Generation zu Generation weitergegeben, daher müssen sie einprägsam und prägnant sein. Das heißt, sie müssen mit wenigen Wörtern das Thema klar benennen.

Nun stellen Sie sich vor, ein eifriger Bürokrat hätte sich die Mühe gemacht, ein paar Sprichwörter in verstaubtes Beamtendeutsch zu übersetzen. Herausgekommen sind dabei sehr lange und komplizierte Sätze.

Versuchen Sie doch einmal herauszufinden, welches Sprichwort der eifrige Bürokrat in seine Sprache übersetzt hat. Wir mussten die Sätze mehrfach lesen, bis wir das Sprichwort erkannt haben.

„Jenem Zeitpunkt, der an der Grenze zwischen der der Erholung der Lebewesen zugedachten Zeitphase und andererseits der im Regelfall mehr oder weniger unter Sonneneinstrahlung befindlichen Zeitphase angesiedelt ist, wird ein edles Metall, das zur Schmuckherstellung sowie als Zahlungsmittel gleichermaßen Verwendung zu finden pflegt, in übertragenem Sinne in jenen Körperteil der Lebewesen gelegt, der der Nahrungsaufnahme sowie dem Artikulieren von Lauten dient“ (Bozek 1992, 65).

Na, sind Sie drauf gekommen, welches Sprichwort der bürokratische Autor meint? Die Lösung heißt schlichtweg: „Morgenstund hat Gold im Mund“.

Was fällt Ihnen auf? In der Formulierung von Bozek sind die Inhalte so kompliziert und verschachtelt ausgedrückt, dass die Sätze unheimlich lang werden. Der Satz aus unserem Beispiel besteht sogar aus 61 Wörtern. Die Übersetzung besteht nur aus 5 Wörtern und ist dennoch viel präziser. Wenn man weiß, welches einfache und klar formulierte Sprichwort damit gemeint ist, wirkt die bürokratische Schreibweise völlig abwegig. Sie stiehlt dem Leser Zeit und macht ihn ungeduldig, weil es so schwer ist, den Inhalt zu verstehen. Viele kommen sich dann dumm vor oder ärgern sich über die arrogante Schreibweise des Autors, der sich offenbar nicht in seine Leser hineinversetzt. Wie oft mussten Sie sich den Satz durchlesen, bis Sie ihn in einfache Sprache übersetzen konnten? Die meisten Leser brauchen mehrere Anläufe. Viele kommen gar nicht darauf, was damit gemeint sein kann.

Also: Lassen Sie sich von prägnanten Sprichwörtern anregen: Wie können Sie Ihre Botschaft kurz und präzise vermitteln?

Damit das Ganze noch lebendiger wird, bauen Sie statt zusätzlichem Text lieber ein paar anregende Zusätze ein.

Anregende Zusätze

Anregende Zusätze sind nach Langer, Schulz von Thun und Tausch „Zutaten, mit denen ein Schreiber oder Redner bei seinem Publikum Interesse, Anteilnahme, Lust am Lesen oder Zuhören hervorrufen will“ (Langer et al. 2015, 27).

Welche anregenden Zusätze fallen Ihnen nach dieser Definition spontan ein?

Beispiele für Anregende Zusätze von Langer und Kollegen (2015) sind:

- Ausrufe
- wörtliche Rede
- rhetorische Fragen zum „Mitdenken“
- lebensnahe Beispiele
- direktes Ansprechen des Lesers
- Reizwörter

- witzige Formulierungen
- Einbettung der Information in eine Geschichte

Später hat Schulz von Thun noch ergänzt, dass die „Kunst der Info-Grafik“ (Schäfer 2015) ebenfalls eine wichtige Rolle bei der Verständlichkeit spielt.

Abbildung 43: Anregende Zusätze

Ein Text mit Anregenden Zusätzen wirkt auf den Leser

- anregend,
- interessant,
- abwechslungsreich und
- persönlich.

Wir konzentrieren uns – im Sinne der Kürze und Prägnanz unseres Buches – in unseren Ausführungen auf die folgenden vier Anregenden Zusätze:

- Beispiele nutzen
- Fragen an den Leser stellen
- Bilder zur Veranschaulichung einsetzen
- Info-Grafik

Beispiele nutzen

„Erklären heißt verstehen!“, haben wir einmal in einem Workshop gelernt. Wenn ich sichergehen möchte, dass mein Leser mich versteht, ist es ratsam, Beispiele zu liefern. Beispiele konkretisieren. Beispiele verdeutlichen. Beispiele machen Ihren Text interessanter, abwechslungsreicher und persönlicher. Wir hoffen, dass wir Ihnen mit unseren Beispielen das Verständnis der Texte erleichtern. Beispiele sollen den Leser dort abholen, wo er ist. Sie bringen Leben in einen akademischen Text und können trockene Abhandlungen lebendiger machen. Bei der Auswahl Ihrer Beispiele sollten Sie wieder darauf achten, dass diese bestenfalls aus der Welt des Lesers stammen. Der österreichische Buchhandel hat einmal mit dem Slogan geworben „Lesen ist Kino im Kopf“. Laden Sie den Leser quasi zu einem literarischen Kinobesuch ein und erlauben ihm, seine persönlichen Bilder im Kopf entstehen zu lassen. Oft helfen konkrete Anwendungsbeispiele. Wodurch lösen Sie ein Problem des Lesers? Wie helfen Sie bzw. Ihr Produkt oder Ihre Dienstleistung dem Leser ganz konkret? In einer Broschüre zu einer Küchenmaschine kann ein raffiniertes Kochrezept stehen, das Lust macht, es gleich auszuprobieren. Die Masseurin kann in ihrem Flyer erklären, bei welchen Beschwerden eine Sitzung bei ihr Erfolg verspricht. Mit Beispielen wird auch oft in den Bewertungssystemen auf Internet-Plattformen gearbeitet: Nutzer beschreiben, für wen sie ein Produkt gekauft haben und ob sie zufrieden damit waren.

Welche Beispiele können Sie für Ihre Tätigkeit / Ihre Dienstleistung / Ihr Produkt anführen?

Auf unseren Homepages www.katrinbaum.de und www.corneliadeeg.de arbeiten wir ebenfalls mit konkreten Beispielen, damit der Leser schnell erfährt, bei welchem Anliegen wir ihm eine Hilfe sein können. Zum Beispiel heißt es auf der Homepage www.corneliadeeg.de:

Als Coach unterstütze ich Sie, damit Sie

- einen Profi an Ihrer Seite haben, mit dem Sie Ihre aktuellen Anliegen professionell und lösungsorientiert bearbeiten können,
- sich in Ihrer neuen Führungsrolle sicherer fühlen und souverän agieren,
- Konflikte mit Ihrer Führungskraft, Ihren Kollegen oder Ihren Mitarbeitern konstruktiv und fair lösen können,
- eine akute Krise besser bewältigen können,
- sich spezielle Fertigkeiten aneignen, indem sie Ihre vorhandenen Potenziale aktivieren.

Auf www.katrinbaum.de wird ebenfalls mit Beispielen gearbeitet, um dem Leser seinen persönlichen Nutzen zu verdeutlichen. Hier heißt es:

Zu meinen häufigsten Seminarthemen gehören:

- Kommunikation
- Führung
- Kundenorientiertes Telefonieren
- Kundenorientierte Korrespondenz
- Professionelle Mitarbeitergespräche führen
- Persönlichkeitsentwicklung
- Konflikte lösen
- Präsentationstechniken
- Moderation
- Frauen in Führung

So sollen sich unsere Kunden schnell ein Bild davon machen, wie wir sie unterstützen können. Auch eine Referenzliste kann Ihnen als Beispiel dienen: Wer hat Sie bereits gebucht und könnte im Bedarfsfall Ihre Leistung bewerten?

Beispiele helfen auch im Kleinen: So steht auf einem Schild auf der Insel Fehmarn (Abbildung 44): „Bitte rechnen Sie mit deichtypischen Hindernissen, Verschmutzungen und Unebenheiten". Noch ehe der Leser selbst Antworten auf die Frage findet, was denn deichtypische Hindernisse sind, wird er durch Beispiele aufgeklärt: „Treibgut, Schafkot, Wühlerbaue, Weidezäune oder Schlaglöcher".

Abbildung 44: Hinweisschild mit Beispielen

Da es so viel an der Einleitung zur Einkommensteuererklärung zu kritisieren gibt, weisen wir hier ganz bewusst einmal auf die positive Nutzung von Beispielen hin. So werden die Zeilen 45 bis 48 zum Thema „Weitere Werbungskosten" sehr anschaulich erläutert und erleichtern dem Bürger die Orientierung im Dschungel der Einkommensteuererklärung:

BEISPIEL

Bewerbungskosten

Wenn Sie 2016 eine Arbeitsstelle gesucht haben, können Sie die Ihnen dadurch entstandenen und nicht erstatteten Kosten hier geltend machen, z.B. Inseratskosten, Telefonkosten, Porto, Kosten für Fotokopien von Zeugnissen sowie Reisekosten anlässlich einer Vorstellung. Es kommt nicht darauf an, ob Ihre Bewerbung Erfolg hatte. [...] (Lohnsteuerkompakt 2017, 20)

Fragen an den Leser stellen

Sie werden es bemerkt haben: Sie als Leser werden in diesem Buch häufig um Ihre Meinung, Ihre Einschätzung, Ihre Lösung gefragt. Warum tun wir das? Wir vertreten die Auffassung:

! „Welche Idee(n) findet mein Gegenüber am besten?" – „Die eigene(n)!"

Bevor Sie Ihre Lösung präsentieren, können Sie den Leser einladen, seine Lösung zu finden und womöglich sogar aufzuschreiben. Durch Fragen an den Leser regen Sie ihn zum Mitdenken an. Sie halten ihn bei Laune und sichern seine Aufmerksamkeit. Denn hat ein Leser einen Abschnitt nicht verstanden, wird er nicht in der Lage sein, die Frage für sich zu beantworten. Aus eigener Erfahrung wissen wir: Erst wenn man etwas selbst tut, bleibt diese Erfahrung im Kopf und im Herzen.

Laden Sie Ihren Leser, wann immer es Ihnen möglich ist, zum Mitdenken ein. Er wird es Ihnen mit seiner Aufmerksamkeit danken. In diesem Buch gibt es ganze Abschnitte, in denen der Leser seine Gedanken notieren soll. Fragen, die dem Leser gestellt werden, lauten zum Beispiel:

- „Was ist Verständlichkeit?"
- „Durch welche Merkmale lässt sich ein verständlicher Text charakterisieren?"

- „Wollen Sie lernen, sich verständlich auszudrücken?"
- „Was erwartet Sie in diesem Teil?"
- „Was geschah bisher?"
- „Was geschieht jetzt?"
- „Wie geschieht das?"

Darüber hinaus soll der Leser immer wieder Gelerntes praktisch anwenden. Dazu dient ein „Beurteilungsfenster", das aus den vier Verständlichmachern besteht.

Einfachheit	Gliederung/Ordnung
Kürze/Prägnanz	Anregende Zusätze

Abbildung 45: Beurteilungsfenster (Langer, Schulz von Thun, Tausch 1974/2015)

Das Verständlichkeitsmodell wird anhand der vier Kriterien (Einfachheit, Gliederung/Ordnung, Kürze/Prägnanz, Anregende Zusätze) auf einer fünfstufigen Skala (++, +, 0, –, ––) verdeutlicht. Immer und immer wieder soll der Leser Beispieltexte bewerten. Im Anschluss präsentieren die Autoren eine Beispiellösung. So bekommt der Leser ein Gefühl für die Beurteilung von Texten. Dies erleichtert ihm das Verfassen eigener verständlicher Texte.

In dem Buch „Texte schreiben – einfach, klar, verständlich" von Zimmermann (2005) wird der Leser fortlaufend durch Fragen angesprochen. Kapitel heißen:

- „Können Sie meine Erfahrungen bestätigen?"
- „Welches sind die Eigenschaften gut verständlicher Texte?"
- „Warum schreiben Menschen so schwer verständlich?"

Auch zwischendurch lädt Herr Zimmermann den Leser zum Mitdenken ein:

- „Wo liegen die Ursachen für diese Kommunikationsbarriere?"
- „Kennt mein Ansprechpartner dieses Wort überhaupt?"

Sie können sicher sein: Fragen an den Leser zu stellen, wird Ihnen helfen, die Aufmerksamkeit des Gegenübers zu gewinnen.

Bilder zur Veranschaulichung einsetzen

Wenn Sie die Möglichkeit haben, Ihren Text durch eine Grafik zu ergänzen, nutzen Sie diese. Ihr Leser wird es Ihnen danken. Natürlich gibt es Ausnahmen: In E-Mails und auch in Fachtexten wirken grafische Elemente teilweise fehl am Platze. Doch es gibt genügend Beispiele, in denen ein Bild als Unterstützung des Geschriebenen für mehr Verständlichkeit sorgt. Insbesondere in einem Umfeld, in dem auch internationale Leser unterwegs sind, erleichtert ein Foto das Verstehen, wie auf dem Schild in Abbildung 46: „Hände desinfiziert?“ heißt es in großer, roter Schrift. Darunter werden die sechs Schritte der Händedesinfektion sowohl schriftlich als auch bildlich erklärt. Wir sind uns sicher, dass dadurch wesentlich mehr Menschen ihre Hände richtig desinfizieren, als hätte die Einrichtung nur auf den Text vertraut.

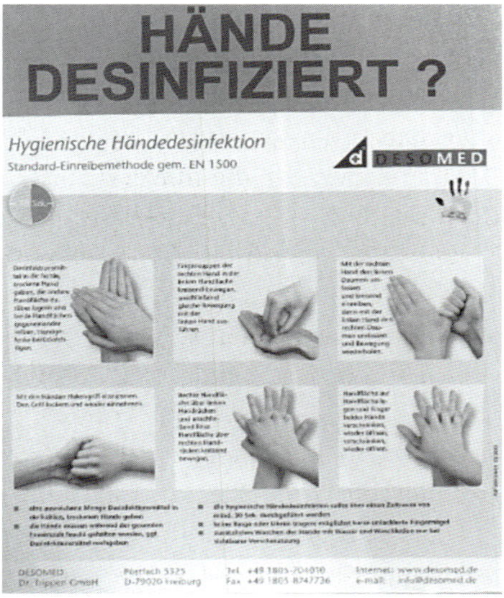

Abbildung 46: Bilder dienen der Veranschaulichung: „Hände desinfiziert?“

Ebenso versuchen wir Autorinnen, Ihnen durch zahlreiche Illustrationen die Inhalte unseres Buches lebendig zu vermitteln. Mit ein paar Bildern, die das Verständnis unterstützen sollen, macht das Lesen hoffentlich noch etwas mehr Spaß. So gilt auch für viele andere Texte: Ein Bild sagt mehr als tausend Worte.

Warum so kompliziert, wenn es auch einfach geht?

Ist es nicht erstaunlich, dass sich in vielen Bereichen die bürokratische Schreibweise so lange behaupten konnte? In Gesetzestexten und Behördenschreiben, aber auch in vielen wissenschaftlichen Texten kann man ähnlich verschachtelte Formulierungen lesen. Warum so kompliziert, wenn es auch einfach geht? Wir Autorinnen haben die Vermutung, dass viele Berufsgruppen (Juristen, Mediziner, Wissenschaftler usw.) sich in der Vergangenheit vor allem deshalb so „gestelzt“ ausgedrückt haben, um sich von den „Unwissenden“ abzuheben. Der

Patient, der seinen Arzt nicht versteht, bekommt das Gefühl: „Schlau scheint er ja zu sein. Dann weiß er bestimmt, wovon er redet. Auch wenn ich kein Wort verstanden habe…". Der Mandant des Anwalts denkt möglicherweise: „Ohne meinen Anwalt wäre ich völlig verloren. Er kennt sich aus. Auch wenn ich kein Wort verstehe…".

So haben möglicherweise bestimmte Berufsgruppen über Jahre bestimmte „Codes" entwickelt, die nur derjenige entschlüsseln kann, der sie gelernt hat. Doch selbst Juristen berichten uns regelmäßig: „Klar könnte man denselben Text (die Klageschrift, das Gesetz) einfacher ausdrücken – bei gleichem Inhalt. Nur vor Gericht redet eben niemand so". Darüber hinaus berichten sie: Hin und wieder komme es schon zu Verwechslungen, wenn in Klageschriften immer nur von „der Beklagten" und der „Klägerin" die Rede ist, anstatt dass die Personen oder die Organisationen mit Namen benannt werden. Aber deutschlandweit gelten vor Gericht dieselben „Codes". Jeder Jurist, der diese „Codes" nicht einhält, fiele aus der Reihe.

Darüber hinaus scheint es ein typisch deutsches Problem zu sein. Uns Autorinnen ist aufgefallen, dass wir englischsprachige wissenschaftliche Texte besser verstehen als die deutschen Texte zum selben Thema, obwohl wir nicht perfekt Englisch sprechen. Das ist uns bei juristischen Texten ebenso aufgefallen wie bei geisteswissenschaftlicher Literatur.

Der Soziologe Ulrich Beck hat mit seiner Frau Elisabeth Beck-Gernsheim ein Buch über die moderne Ehe und Partnerschaft geschrieben. Das Thema hat Potenzial für Humor und die Analysen der beiden Autoren sind sehr klug und scharfsinnig. Darüber hinaus fällt auf, wie wortgewandt sie mit der deutschen Sprache umgehen. Allerdings: Hin und wieder fanden wir in dem Buch Passagen, die wir mehrmals lesen mussten, um sie zu verstehen. Hier ein Beispiel:

BEISPIEL

„Der irdische Glaube der religionslosen, scheinbar rationalen Gegenwartsmenschen ist das Du, die Suche nach der Liebe im anderen. Oft nicht eingestandenermaßen, da dadurch jeder sich an etwas ausliefert, das den Prinzipien des kalkulierten Lebens widerspricht. Aber gleichzeitig doch mit einer Ausschließlichkeit, weil nur durch die bewahrte und versteckte Wirklichkeit dieser Sehnsucht alles Selbstbehaupten von einer Flamme Sinn erhellt wird. Die Hoffnung auf Zweisamkeit ist die überdimensionale Restgemeinschaft, in die die Moderne den Privatmenschen in der enttraditionalisierten, ausgedünnten Sozietät entlassen hat" (Beck/Beck-Gernsheim 2005, 21).

Was haben Sie verstanden?

Wir versuchen es mit folgender Übersetzung:

In der Liebe hat man nicht alles unter Kontrolle. Im Gegenteil, man liefert sich aus. Aber der moderne Mensch sehnt sich genau danach. Die Liebe ist für ihn Ersatz für die verloren gegangene Religion. Und je mehr es ihm an gemeinschaftlicher Verbundenheit mangelt, umso mehr wächst die Hoffnung auf Zweisamkeit, die ihm nun alles ersetzen soll.

Fazit: Die vier Verständlichmacher und ihre Wirkung

Welche Wirkung hat es nun tatsächlich auf die Verständnisleistung des Lesers, wenn die Texte nach den vier Verständlichmachern formuliert werden?

Langer und Schulz von Thun sind dieser Frage schon vor vielen Jahren nachgegangen (Schulz von Thun 1981). Sie untersuchten, inwiefern Informationstexte so umformuliert werden können, dass sie genauso informativ und gleichzeitig verständlicher sind als der Originaltext.

Sie verwendeten dafür Texte aller Art: Bedienungsanleitungen, Behördentexte, wissenschaftliche Texte usw. Diese formulierten sie dann nach den vier Verständlichmachern um. So hatten sie zu verschiedenen Themen jeweils zwei Varianten: den Originaltext und den Text, der mit Hilfe der vier Verständlichmacher umformuliert war.

Diese Texte gaben sie Lesern mit unterschiedlichem Schulabschluss zu lesen: Hauptschulabsolventen, Lesern mit Mittlerer Reife und Abiturienten. Sie kamen zu folgenden Ergebnissen:

1 Zunächst kamen die verständlicher formulierten Texte bei Lesern aller Schulbildungen besser an. Die Leser reagierten gefühlsmäßig positiver auf die verständlicheren Texte. Sie gaben zu 65% an, dass sie den Text gern gelesen hätten. Bei den Lesern der Originaltexte waren es nur 27%.
2 Darüber hinaus profitierten Leser aller Schulbildungen gleichermaßen von den verständlicher formulierten Texten. Die Leser mit Hauptschulabschluss erreichten durch die verbesserten Texte *dieselbe* Verständnisleistung, die die Abiturienten nach dem Originaltext hatten.

Das heißt: Nicht allein die Schulbildung entscheidet darüber, wie viel der Leser versteht, sondern es kommt vor allem darauf an, wie der Text formuliert ist! Das ist doch ein beeindruckendes Ergebnis. Auch bei den wissenschaftlich formulierten Texten erzielten Abiturienten eine wesentlich bessere Verständnisleistung, wenn die Texte einfacher formuliert waren, obwohl sie genau die Zielgruppe wissenschaftlicher Texte sind. Warum sollte man sich dann überhaupt noch in komplizierter Sprache ausdrücken? Es gibt keinen Grund dazu – zumindest nicht, wenn es dem Autor darum geht, verstanden zu werden.

2.3 Exkurs: Kommunikation in digitalen Zeiten – das Besondere bei E-Mails

Die E-Mail hat unsere Art, schriftlich zu kommunizieren, revolutioniert. Das Gleiche gilt mittlerweile für WhatsApp, Snapchat, Twitter und andere Dienste. Ein paar Jahre nach Erscheinen dieses Buches wird dies vermutlich ebenfalls veraltet sein.

Wir gehen dennoch davon aus, dass die meisten unserer Leser zumindest im geschäftlichen Bereich viel über E-Mails kommunizieren, daher ist es uns wichtig, kurz darauf einzugehen.

Nehmen Sie sich Zeit. Grundsätzlich gelten für E-Mails dieselben Standards und Empfehlungen wie für Briefe und andere Texte. Das heißt, Sie sollten sich auch beim Verfassen von E-Mails die Zeit nehmen, Ihren Text persönlich und ansprechend zu formulieren und auf eine korrekte Schreibweise zu achten.

An wen richtet sich meine E-Mail? Mit einer E-Mail haben Sie im Gegensatz zu einem Brief ganz unkompliziert und schnell die Möglichkeit, viele Empfänger gleichzeitig anzuschreiben. Überlegen Sie dennoch: Für wen ist mein Text wirklich von Interesse? Begrenzen Sie die Empfängerzahl.

Wenn Sie Ihre E-Mail an mehrere Empfänger richten, schreiben Sie bei Appellen bitte genau, wer was tun soll. Ansonsten fühlt sich bei der heutigen E-Mail-Flut niemand angesprochen.

Verzichten Sie bitte darauf, Personen in Blindkopie (BCC – „blind carbon copy") zu setzen. Blindkopie bedeutet, die anderen Empfänger sehen nicht, dass die Person in Blindkopie die E-Mail ebenfalls bekommen hat. Was jedoch die wenigsten dabei bedenken: Oft kriegt der Empfänger gar nicht mit, dass er die E-Mail nur im Vertrauen bekommen hat und antwortet darauf, gegebenenfalls an alle Empfänger. Dies kann peinlich werden und zu Konflikten führen.

Der passende Betreff. Ebenso wie in Briefen sollten Sie den Betreff präzise formulieren, so dass der Leser mit wenigen Worten erfährt, worum es geht. Fragen Sie sich: Mit welchem Betreff wecke ich die Aufmerksamkeit des Lesers? Vor allem wenn ich weiß, dass mein Leser täglich von E-Mails überflutet wird.

Wenn die Kommunikation über E-Mail durch wiederholtes Antworten mehrfach hin und her geht, prüfen Sie bitte, ob der Betreff noch passt. Oft ändert sich im Laufe der Zeit das Thema und ein Betreff wie „Wtr: Re: Re: Re: Aw: Aw: (altes Thema)" wirkt wenig einladend.

Verzicht auf Silbentrennung und Zeilenumbrüche. Darüber hinaus verzichten Sie bei E-Mails bitte unbedingt auf die Silbentrennung am Zeilenende. Der Hintergrund: Wenn bei Ihnen auf dem Bildschirm die Zeile am Ende des E-Mail-Fensters angekommen ist, ist das bei Ihrem Empfänger höchstwahrscheinlich nicht der Fall. Denn jeder hat sein Fenster in unterschiedlicher Größe geöffnet und empfängt eventuell auch die Schrift in einer anderen Größe oder die Darstellung, so dass die Zeilen so gut wie nie genau gleich lang sind wie auf Ihrem Bildschirm. Aus demselben Grund sollten Sie es auch vermeiden, am Ende Ihrer Zeile die Return-Taste (Zeilenumbruch) zu drücken. Diese Gewohnheit haben

Sie sind mit der E-Mail-Adresse mail@mustermann.de für den kartenonline.de-Newsletter
angemeldet. Für die optimale
Darstellung Ihres kartenonline.de-Newsletters speichern Sie bitte unsere Adresse
email@service.kartenonline.de in Ihr
persönliches E-Mail-Adressbuch. Sie können den Newsleiter jederzeit abbestellen*. Dazu klicken Sie bitte
hier. Alle
Angaben in diesem Newsletter sind ausdrücklich ohne Gewähr. Falls Sie Fragen oder Anregungen
haben, wenden Sie
sich bitte direkt an unseren Kundenservice. * Es entstehen Ihnen keine höheren Kosten als die nach den
Basistarifen
Ihres Telefon- und/oder Internetproviders.

Abbildung 47: E-Mail mit Zeilenumbrüchen

vor allem ältere Menschen noch aus Schreibmaschinen-Zeiten. Beim Empfänger kommt die Nachricht dann jedoch so an wie in Abbildung 47 dargestellt. Wenn Sie den Zeilenumbruch nutzen, dann bitte nur, um einen Absatz zu machen. Dann jedoch auch mit einer Leerzeile. So sieht Ihr Empfänger auf den ersten Blick, dass Ihr Text in Abschnitte gegliedert ist und verliert sich nicht in einer „Zeilenkolonne".

Verzicht auf Aufzählungszeichen („Bullet Points") und Sonderzeichen. Selbstverständlich fördern, auch bei E-Mails, Gliederungen und Aufzählungen die Übersichtlichkeit. Bitte beachten Sie jedoch: Verwenden Sie in E-Mails nur „-" (Minus) oder Nummerierungszeichen („1.", „2.", „3." etc.), um Ihren Text zu gliedern.

Wenn Sie andere Sonderzeichen – zum Beispiel die so genannten „Bullet Points" – verwenden, kann es sein, dass Ihr Leser diese Zeichen als unleserliche Hieroglyphen empfängt. Häufig kommt dabei ein „#" oder ein anderes Zeichen an.

Ähnliches gilt auch für andere Sonderzeichen. Wenn Sie zum Beispiel einen deutschen Text ins Ausland senden, werden oft das „ß" oder die Umlaute durch einen anderen Buchstaben ersetzt, der gar nicht in das Wort passt. In diesem Fall sollten Sie das „ß" lieber durch „ss" ersetzen und das „ä" durch „ae", auch wenn das nicht die korrekte deutsche Schreibweise ist.

Die richtige Schreibweise des Wortes „E-Mail". Zu guter Letzt: E-Mail ist eines der am häufigsten geschriebenen Wörter in E-Mails. Dennoch wird das Wort häufig falsch geschrieben. Sicher haben auch Sie schon folgende Varianten gelesen: „e-Mail", „e-mail", „E-mail", „email" oder „Email". Richtig ist nur: „E-Mail". Dies wissen die wenigsten. Wenn Sie zum Beispiel „Email" schreiben, wird Ihre Rechtschreibprüfung das Wort nicht korrigieren, denn: Das Wort „Email" gibt es auch. Es bezeichnet jedoch nicht die elektronische Kommunikation, sondern den so genannten Schmelzüberzug, der auch „Emaille" geschrieben werden kann.

3 Übungen

In diesem Kapitel haben Sie die Möglichkeit, die verschiedenen Bausteine, die vorab in einzelnen Übungen vertieft wurden, miteinander zu verbinden.

Vorab bekommen Sie eine Checkliste für die Verbesserung von Texten an die Hand. Mit dieser können Sie Ihre Texte hinsichtlich Verständlichkeit und Ansprache des Lesers prüfen. Die Checkliste können Sie für alle Übungen sowie für Ihre eigenen Texte nutzen.

Es gibt verschiedene Arten von Übungen:

1. Ein Multiple-Choice-Test lädt Sie ein, auf spielerische Weise Ihr Wissen zu testen.
2. Beim „Sätze umformulieren" analysieren und bewerten Sie einzelne Sätze hinsichtlich der vier Verständlichmacher und der vier Ebenen der Kommunikation.
3. Umformulieren von Fachtexten.
4. E-Mails umformulieren
5. Briefe umformulieren
6. Verfassen Sie eigene Texte mit Hilfe der Checkliste.

3.1 Checkliste für die Verbesserung von Texten

Nachdem Sie nun so viel darüber erfahren haben, wie Sie freundlich und verständlich formulieren ... Wie können Sie sicherstellen, dass Sie all das in Ihren Texten berücksichtigen?

Mit der Tabelle 20 haben wir für Sie eine Checkliste erstellt, die Ihnen hilft zu prüfen, ob Ihr Text alles beinhaltet, was zur Leserorientierung beiträgt.

So funktioniert die Checkliste: Nehmen Sie sich einen Text zur Hand. Gehen Sie dann die Fragen auf der linken Seite durch und vermerken Sie in den beiden rechten Spalten, was Sie berücksichtigt haben und woran Sie noch arbeiten müssen. Wenn Ihnen Punkte auffallen, an denen Sie noch arbeiten möchten, machen Sie gleich einen entsprechenden Vermerk in Ihrem Text. Anschließend können Sie dann Ihren Text strukturiert verbessern.

Tabelle 20: Checkliste für die Verbesserung von Texten

Checkliste	**Habe ich gemacht:**	**Daran muss ich noch arbeiten:**
Habe ich einen ansprechenden Einstieg gewählt? – Ist der Betreff knackig formuliert (wie eine Schlagzeile)? – Spreche ich den Leser gleich zu Beginn persönlich an?	■ ■ ■	■ ■ ■
Ist mein Brief überwiegend im „Sie-Stil“ geschrieben? (Verhältnis 2:1; „Sie“:“Ich / Wir“)	■	■
Habe ich aktiv statt passiv geschrieben?	■	■
Spreche ich den Leser wie einen Partner (auf Augenhöhe) an?	■	■
Habe ich positive Formulierungen verwendet?	■	■
Verwende ich möglichst selten Wörter wie „nicht“, „kein“ etc.? Richten meine Formulierungen den Blick auf die Lösung anstatt auf das Problem?	■ ■	■ ■
Schätze ich den Leser wert bzw. lobe und danke ich ihm?	■	■
Habe ich viele Verben statt Substantive genutzt? (z. B. „prüfen“ statt „die Prüfung vornehmen“)	■	■
Habe ich einfache Wörter statt Fremdwörter verwendet? Habe ich notwendige Fachbegriffe erklärt?	■	■
Ist mein Text klar und logisch gegliedert? – Ist er äußerlich (optisch) gut gegliedert? Das heißt: Ist der Text in sinnvolle Absätze aufgeteilt, mit Aufzählungszeichen versehen etc.? – Ist er innerlich klar gegliedert? Das heißt: Bauen die Inhalte logisch aufeinander auf?	■ ■ ■	■ ■ ■
Sind meine Sätze kurz und prägnant formuliert?	■	■
Habe ich überflüssige Wörter vermieden?	■	■
Habe ich Wiederholungen vermieden? Konzentriere ich mich auf das Wesentliche?	■	■
Habe ich anregende Zusätze eingebaut? (z. B. Fragen an den Leser, Beispiele, Bilder)	■	■
Habe ich auf verstaubte Floskeln verzichtet?	■	■
Habe ich einen positiven und aktivierenden Abschluss gewählt?	■	■

3.2 Multiple-Choice Test

Bitte machen Sie ein Kreuz in der dritten Spalte bei der Aussage, die am verständlichsten ist. Wenn Sie Ihre Auswahl begründen können: umso besser! Die Lösungen finden Sie im Anhang.

Tabelle 21: Multiple Choice Test

1.

a)	Bitte greifen Sie zum Hörer, falls mein Terminvorschlag nicht mit Ihrer Disposition konveniert.	
b)	Melden Sie sich gern, wenn Ihnen der Termin nicht passt.	
c)	Ich gehe davon aus, dass der Termin passt. Bis dann.	

2.

a)	Sie ist glücklich.	
b)	Sie ist nicht unglücklich.	
c)	Meist geht es ihr gut, manchmal auch nicht, vor allem, wenn sie viel Stress im Job hat.	

3.

a)	Es wird dringend ersucht, keine Steine in den See zu werfen.	
b)	Bitte keine Steine in den See werfen.	
c)	Steine werfen unter Strafe verboten!	

4.

a)	Vielen Dank für Ihre eingereichten Unterlagen.	
b)	Vielen Dank für Ihre Unterlagen.	
c)	Wir haben Ihre Unterlagen erhalten.	

5.

a)	Wir nehmen Bezug auf Ihre Fragen.	
b)	Gern wollen wir nochmal auf Ihre Fragen zurückkommen.	
c)	Gern beantworten wir Ihre Fragen.	

6.

a)	Legen Sie Ihrer Sendung bitte den Rücksendeschein bei, damit wir Ihr Gerät möglichst schnell reparieren können.	
b)	Ohne den Rücksendeschein kann es zu Verzögerungen bei der Reparatur kommen.	
c)	Vergessen Sie bitte nicht, Ihrer Sendung den entsprechenden Rücksendeschein beizulegen.	

7.

a)	Vielen Dank, dass Sie „KontoX" gekauft haben. Wir freuen uns, Sie mit diesem Programm bei Ihrer Buchhaltung zu unterstützen.	
b)	Sie haben eben „KontoX" erworben, DAS Programm für elektronische Buchhaltung.	
c)	Wir sind Experten für Buchhaltungssoftware. Unser Programm ist das meistgekaufte in Deutschland.	

8.

a)	Bezüglich Ihrer Anfrage zur Software X möchten wir Ihnen mitteilen, dass …	
b)	Vielen Dank für Ihre Anfrage. Sie erhalten die Software X noch heute per E-Mail.	
c)	Wir haben Ihren Wunsch nach der Software X erhalten und werden ihn umgehend bearbeiten.	

9.

a)	Ihre Bestellung ist bei uns eingegangen und wird umgehend bearbeitet.	
b)	Vielen Dank für Ihre Bestellung. Sie erhalten in Kürze …	
c)	Wir haben Ihre Bestellung erhalten und werden sie demnächst bearbeiten.	

10.

a)	Wir möchten Sie bitten, wenn es für Sie okay ist, die Datei eventuell aus Ihrem Ordner Y zu löschen.	
b)	Bitte löschen Sie die Datei X aus Ihrem Ordner Y, damit …	
c)	Die Datei X muss dringend aus Ihrem Ordner Y gelöscht werden.	

11.

a)	Anbei senden wir Ihnen die Teilnehmerliste für das Seminar.	
b)	In der Anlage befindet sich die Teilnehmerliste für das Seminar.	
c)	Sie erhalten die Teilnehmerliste für das Seminar.	

3.3 Sätze umformulieren

Lesen Sie bitte die folgenden verbesserungswürdigen Formulierungen und versuchen Sie anschließend, diese verständlicher und leserorientierter zu verfassen.

1. Satz

Es wird *keine* Entlassungen geben.

2. Satz

Ich möchte dir *nicht* zu nahe treten.

3. Satz
Du brauchst *keine* Angst zu haben!

4. Satz
Auf diese Art und Weise haben wir das immer gut hingekriegt.

5. Satz
Hiermit teilen wir Ihnen mit, dass Sie gewonnen haben.

6. Satz
Zum jetzigen Zeitpunkt kann ich keine interdisziplinären Interventionen empfehlen.

7. Satz
Hallo Markus, ich hatte dich bereits aufgefordert…

8. Satz
Sehr geehrte Frau Schneider, leider muss ich Ihnen mitteilen, dass das Seminar aktuell ausgebucht ist.

9. Satz

Ich danke Ihnen für das entgegengebrachte Vertrauen und bitte Sie, sollten Sie zu diesem Thema oder darüber hinaus noch weitere Fragen haben, nicht zu zögern, mich unter der oben angegebenen Rufnummer oder E-Mail-Adresse zu kontaktieren.

10. Satz

Ich bitte um Verständnis dafür, dass ich im Nachhinein keine Änderung in unseren Abmachungen vornehmen möchte und erwarte Ihre baldige Antwort, um den Vorgang abzuschließen.

Vorschläge für verständlichere Formulierungen finden Sie im Anhang.

3.4 Fachtexte umformulieren

Lesen Sie bitte die folgenden Texte und versuchen Sie anschließend, sie verständlicher zu verfassen. Lösungsvorschläge finden Sie im Anhang.

Text 1: Winkelhalbierung (Langer et al. 2015, 135)
Der Scheitelpunkt des Winkels sei S.

Schlage um S einen Kreis mit einem Radius, der etwa halb so groß ist wie die gezeichneten Schenkel des Winkels (natürlich sind die Schenkel unbegrenzt zu denken).

Die Schnittpunkte des Kreises mit den Schenkeln des Winkels nenne A und B.

Schlage um A und B je einen Kreis mit einem Radius, der zweckmäßigerweise ungefähr so groß ist wie der Radius des zuerst gezeichneten Kreises.

Wichtig ist, dass die Kreise um A und B denselben Radius besitzen und dass dieser Radius so groß ist, dass sich die beiden Kreise in zwei Schnittpunkten U und V schneiden.

Wähle von den beiden Punkten U und V denjenigen, der am weitesten von S entfernt ist, und zeichne durch ihn einen Strahl, dessen Anfangspunkt in S liegt. Dieser Strahl halbiert den Winkel.

Text 2: Anleitung zur Einkommensteuererklärung 2016 (Lohnsteuerkompakt 2017, 1 f.)

Elektronische Übermittlung der Einkommensteuererklärung

Die Einkommensteuererklärung ist elektronisch an die Finanzverwaltung zu übermitteln, wenn Einkünfte aus Land- und Forstwirtschaft, Gewerbebetrieb oder selbständiger Arbeit erzielt werden. Die Pflicht zur elektronischen Übermittlung greift nicht, wenn daneben Einkünfte aus nichtselbständiger Arbeit mit Steuerabzug erzielt werden und die positive Summe der Einkünfte, die nicht dem Steuerabzug vom Arbeitslohn zu unterwerfen waren, sowie die positive Summe der Progressionseinkünfte jeweils den Betrag von 410 € nicht übersteigen. Für die elektronische authentifizierte Übermittlung benötigen Sie ein Zertifikat. Dieses erhalten Sie im Anschluss an Ihre Registrierung auf der Internetseite www.elsteronline.de/eportal. Bitte beachten Sie, dass der Registrierungsvorgang bis zu zwei Wochen dauern kann. Programme zur elektronischen Übermittlung finden Sie unter www.elster.de/elster_soft_nw.php. Für Fälle, die nicht unter die Verpflichtung fallen, ist ebenfalls eine elektronische Übermittlung möglich.

Text 3: Anleitung zur Einkommensteuererklärung 2016 (Lohnsteuerkompakt 2017, 14)

Zeile 21 Behinderte Kinder

Ohne Altersbegrenzung werden Kinder berücksichtigt, die sich wegen körperlicher, geistiger oder seelischer Behinderung nicht selbst finanziell unterhalten können. Voraussetzung ist jedoch, dass die Behinderung vor Vollendung des 25. Lebensjahres eingetreten ist. Kinder, bei denen die Behinderung vor dem 1.1.2017 in der Zeit ab Vollendung des 25. Lebensjahres, aber vor Vollendung des 27. Lebensjahres eingetreten ist, sind auch berücksichtigungsfähig. Ein Kind ist außerstande, sich selbst finanziell zu unterhalten, wenn das Kind mit seinen eigenen Mitteln seinen gesamten Lebensbedarf nicht bestreiten kann. Dieser notwendige Lebensbedarf setzt sich typischerweise aus dem allgemeinen Lebensbedarf (Grundbedarf) und aus dem individuellen behinderungsbedingten Mehrbedarf (u. a. Kosten für eine Heimunterbringung, Pflegebedarf in Höhe des gezahlten Pflegegeldes, ggf. Behinderten-Pauschbetrag) zusammen. Als Grundbedarf ist bei der Prüfung der Voraussetzungen der Grundfreibetrag in Höhe von 8.652 € anzusetzen. Dem ermittelten notwendigen Lebensbedarf sind die kindeseigenen finanziellen Mittel gegenüber zu stellen. Die kindeseigenen finanziellen Mittel setzen sich aus dem verfügbaren Nettoeinkommen und den Leistungen Dritter zusammen.

Bei der Ermittlung des verfügbaren Nettoeinkommens sind alle steuerpflichtigen Einkünfte, alle steuerfreien Einnahmen sowie etwaige Steuererstattungen zu berücksichtigen. Abzuziehen sind tatsächlich gezahlte Steuern sowie die unvermeidbaren Vorsorgeaufwendungen (Beiträge zu einer Basiskranken- und Pflege-Pflichtversicherung, gesetzliche Sozialabgaben bei Arbeitnehmern). Bitte reichen Sie eine Aufstellung der notwendigen Angaben gesondert ein.

3.5 E-Mails umformulieren

In diesem Teil finden Sie verbesserungswürdige E-Mails. Unter den jeweiligen E-Mails haben Sie Platz für Ihren Textvorschlag. Achten Sie bitte darauf, dass die Texte verständlicher und leserorientierter werden. Nutzen Sie hierfür gern die Checkliste, die Sie am Beginn des Übungsteils finden. Lösungsvorschläge von uns finden Sie im Anhang.

E-Mail 1

Lotus Notes Formular

Lieber Peter,

anbei sende ich dir die Anleitung für Raumbuchungen in Lotus Notes. Die meisten von Euch schicken ja bereits Raumanfragen in der neuen Welt. In dem Formular müssen alle relevanten Informationen erfasst werden. Ohne Ausfüllen dieses Formulars können wir leider keine Räume vergeben. Darüber hinaus können wir ohne das Formular nicht wissen, welche Ausstattung du benötigst. Darüber hinaus ist es für uns aufwändig, jede einzelne Information im Nachhinein telefonisch einzuholen.

Bei Rückfragen stehe ich dir gern zur Verfügung. Viele Grüße

E-Mail 2

Versicherungsschein Nr. 12345

Sehr geehrte Frau Maier, wir beziehen uns auf Ihre Mitteilung vom… und das heutige Telefongespräch. Wunschgemäß haben wir die Bankdaten aktualisiert. Im Januar 2018 werden wir die folgende Abbuchung vornehmen:

Zeitraum 11.10.2017 bis 11.12.2017: 50,00 € (rückständige Prämie)

Zeitraum 11.12.1017 bis 11.1.2018: 25,00 € (laufende Prämie)

Wir weisen Sie darauf hin, dass wir nur einen monatlichen Rechnungslauf haben. Dieser findet Ende jeden Monats statt.

Wir bedauern es, Ihnen keine anderslautende Nachricht geben zu können.

Für weitere Fragen steht Ihnen unser Kundenservice gerne von montags bis freitags in der Zeit von 8:30 bis 17:15 Uhr unter der o.g. Telefonnummer zur Verfügung.

Mit freundlichen Grüßen

E-Mail 3

Sehr geehrte Frau Maier,

wir haben Ihre E-Mail erhalten, in der Sie uns mitteilen, dass Sie den Artikel Y zu retournieren wünschen und diesen bereits an uns zurückgeschickt haben. Zur Prüfung der Retoure bitten wir Sie, uns den Ablieferbeleg zuzuschicken. Die Retoure ist bei dem Hersteller noch nicht eingetroffen. Anhand des Ablieferbelegs wird geprüft, wann und wo die Retoure verschickt wurde. Wir bitten um Ihr Verständnis.

Mit freundlichen Grüßen

E-Mail 4

Nach der o.g. Tabelle zu den o.g. Versicherungsbedingungen wird der Beitrag von 13,20 € auf 22,70 € aufgrund der Altersgruppe erhöht.

Anbei erhalten Sie hierzu die Versicherungsbedingungen.

Für den Versicherungsvertrag 12345 werden wir eine Gutschrift in Höhe von 115,35 € mit unserem monatlichen Rechnungslauf, Ende Juni 2017, auf das uns bekannte Kreditkartenkonto veranlassen. Wir bitten Sie deshalb mit American Express Kontakt aufzunehmen.

Für weitere Fragen steht Ihnen unser Team aus dem Kundenservice von montags bis freitags in der Zeit von 8:30 Uhr bis 17:15 Uhr gerne unter der o.g. Telefonnummer zur Verfügung.

Mit freundlichen Grüßen

E-Mail 5

Sehr geehrte Frau Steck, vielen Dank für Ihre E-Mail vom 2. September 2017. Aktuell haben wir nur eine Bestellung vom 02.09.2017 im System. Eine vom 30.08.2017 ist nicht vorhanden, auch wenn Sie sagen, Sie hätten auch am 30.08.2017 eine Bestellung aufgegeben. Sobald die andere Bestellung verschickt wird, erhalten Sie eine Versandbenachrichtigung. Für die Beantwortung weiterer Fragen stehen wir Ihnen selbstverständlich gerne zur Verfügung.

Mit freundlichen Grüßen

3.6 Briefe umformulieren

In diesem Teil finden Sie nun Briefe, die Sie als Übung mit Hilfe der Checkliste umformulieren können. Achten Sie bitte wieder darauf, dass die Texte verständlicher und leserorientierter werden. Lösungsvorschläge von uns finden Sie im Anhang (S. 153 ff.).

Brief 1

Vers.-Nr. 111/123/1234/B 123456
Versicherungsnehmer: Claudia Musterfrau
Aktenzeichen: 101/202/333/444

Sehr geehrter Herr Schmidt,

gemäß AVB Ihres Tarifs EXY-3a §41 hat der Versicherungsnehmer die Obliegenheit, die Beitragszahlungen pünktlich jeweils zum Monatsersten zu leisten. Eine Prüfung unseres Kontos ergab Folgendes:
am 12. März 2017 100 € für März

Hiernach sind noch im Soll:
Versicherung 111/123/1234/B 123456
Monat: April bis Juni 2017: 300 €
Insgesamt: 300 €. Der Versicherungsschutz ist noch unterbrochen.

Mit freundlichen Grüßen

Brief 2
Ihr Schreiben vom 5.9.2017
Kündigung von Serviceverträgen

Sehr geehrte Damen, sehr geehrte Herren,

wir nehmen Bezug auf die persönlichen Gespräche Ihrer Frau Müller und unserem Herrn Hackbart und sind entgegenkommenderweise bereit, das Vertragsverhältnis sofort und unkompliziert zu beenden.

Bezüglich der zum 31.12.2016 gekündigten Liegenschaften

- ZE 99862 – Nelkenweg 2
- ZE 99863 – Rosenweg 4
- ZE 99866 – Blumenstraße 6
- ZE 99867 – Tulpenweg 8

bestehen Dienstleistungsverträge und Gerätemietverträge teilweise bis Dezember 2020. Aus diesen Vertragsverhältnissen bestehen Ansprüche aus entgangenen Dienstleistungsvergütungen und Restwerten aus den Mietverträgen in Höhe von ca. 30.000 €. Im Wege der Kulanz und unter Berücksichtigung des teilweise nicht erfolgten Eichaustausches bieten wir Ihnen an, gegen Zahlung von 15.000 € zuzüglich der noch für die Abrechnung 2016 entstehenden Dienstleistungsgebühren in die Beendigung der Verträge zum 31.12.2017 einzuwilligen.

Diese Vertragsbeendigung erstreckt sich dann allerdings auch auf die Dienstleistungsverträge zur Stromabrechnung bzgl. der Liegenschaften

- ZE 99862 – Nelkenweg 2
- ZE 99863 – Rosenweg 4

Mit freundlichen Grüßen

Brief 3

Kosten für Zahnimplantate

Sehr geehrter Herr Maier,

vielen Dank für das freundliche Telefongespräch.

Im Juni diesen Jahres beantragten Sie die Kostenübernahme für eine Implantatversorgung im Oberkiefer rechts nach § 28 SGB V.

Wir beauftragten Herrn Dr. Walter Möller, den Antrag zu begutachten. Der Gutachter konnte in seinen Ausführungen eine Ausnahmeindikation entsprechend des Gesetzes nicht bestätigen.

Die Voraussetzungen für eine Kostenübernahme der Implantatversorgung sind leider nicht gegeben, da Leistungen im Rahmen einer medizinischen Gesamtbehandlung zu Lasten der Krankenkasse nur dann in Betracht kommen, wenn eine herkömmliche zahnprothetische Versorgung ohne Implantate nicht möglich ist.

Nach Aussage des Gutachters Dr. Möller wäre in Ihrem Fall eine Versorgung mit konventionellem Zahnersatz möglich und ausreichend gewesen.

Bitte haben Sie Verständnis für diese Entscheidung.

An den Kosten der Suprakonstruktion können wir uns mit einem Festzuschuss in Höhe der Regelversorgung beteiligen. Dazu erstellt Ihnen der Vertragszahnarzt einen entsprechenden Heil- und Kostenplan.

Entscheiden Sie sich für die Implantate, beachten Sie bitte, dass auch die spätere regelmäßige Kontrolle sowie in diesem Zusammenhang auf Privatrezept verordnete Medikamente zu Ihren Lasten gehen.

Eine Kopie des Gutachtens haben wir diesem Schreiben beigefügt und ebenfalls der behandelnden Praxis zugesandt.

Für Fragen stehe ich Ihnen selbstverständlich gern zur Verfügung.

Mit freundlichen Grüßen

Brief 4
Liegenschaft: Nelkenweg 4, 99999 Musterstadt
Ihr Schreiben vom 21.12.2017

Sehr geehrte Frau Müller,
sehr geehrter Herr Müller,

mit Bezug auf Ihr Schreiben vom 21.12.2017 bitten wir zunächst, unsere fehlerhafte Auskunft bezüglich der Speicherung von Stichtagswerten bei den Wärmezählern zu entschuldigen. Auch der Außendienst bestätigte uns, dass die Wärmezähler keine Stichtagswerte speichern, so dass hier die abgelesenen Werte vom 18.10.2015 berücksichtigt wurden.

Hinsichtlich der am 18.10.2017 vorgenommenen Ablesung möchten wir darauf hinweisen, dass es keine gesetzliche Vorschrift zur Ablesung an einem bestimmten Stichtag gibt. Grundsätzlich ist es gemäß allgemeingültigen Bestimmungen den Wärmemessfirmen zugebilligt, in Abhängigkeit vom Abrechnungszeitraumende binnen vier Wochen vorher bis vier Wochen nachher die Ablesung der Messgeräte durchzuführen. Daher ist das Datum der Ablesung aus unserer Sicht nicht zu beanstanden. Unseren Außendienst haben wir dennoch darauf hingewiesen, auch zukünftig die Ablesung stets zeitnah nach Ende des Abrechnungszeitraumes vorzunehmen.

Bei Rückfragen stehen wir Ihnen gerne zur Verfügung.

Mit freundlichen Grüßen

Brief 5

Erstattungsanspruch

Sehr geehrter Herr Eiche,

vielen Dank für Ihr Schreiben vom 25. Januar 2017.

Die Unterlagen für die Auslandskrankenversicherung haben wir zur Prüfung einer Kostenerstattung an unser Fachzentrum weitergeleitet. Der betreffende Sachverhalt ist Ihre Behandlung am 9. September 2016.

Unsere Leistungsrückforderung von 311,77 € haben wir berichtigt.

Es steht noch eine Forderung von 34,53 € für die Behandlung am 23. Februar 2016 aus. Zu dieser Zeit sind Sie mit einer Anwartschaft eingestuft. Ihre Tochter hat daher auch keinen Anspruch auf Leistungen.

Bitte begleichen Sie unsere Forderung.

Für Rückfragen stehe ich Ihnen zur Verfügung.

Mit freundlichem Gruß

3.7 Eigene Texte verfassen – mit Hilfe der Checkliste

Nun sind Sie mit Ihren Texten dran. Nutzen Sie die Checkliste, um Ihre Themen auf den Punkt zu bringen und beim Leser Aufmerksamkeit zu wecken.

Welche Texte sind für Sie hilfreich? Gibt es E-Mails, die Sie zu ähnlichen Themen regelmäßig schreiben? Dann können Sie Textbausteine hierfür entwickeln. Sind Sie Experte für ein Thema, das Sie regelmäßig vermitteln? Dann können Sie die Checkliste nutzen, um Fachtexte oder Präsentationen zu formulieren. Oder Sie schreiben mit Hilfe der Checkliste Einladungen – zu einer Feier oder zu einem anderen Ereignis.

Zu welchen Themen möchten Sie einen eigenen Text verfassen? Lassen Sie sich inspirieren:

- Geburtstagseinladung
- Einladung zum Sommerfest
- Einladung zu einem geschäftlichen Meeting
- Kondolenzschreiben an einen Freund oder Kollegen, dessen Familienangehöriger verstorben ist
- Beschwerdebrief an eine Firma, deren Kunde Sie sind
- Dankesbrief an eine Person, der Sie schon immer mal danken wollten
- Fachtext zu einem Thema, in dem Sie Experte sind

Sie werden merken: Nach ein paar Texten werden Sie die Checkliste vermutlich gar nicht mehr benötigen. Dann sind die leserorientierten Formulierungen für Sie so zur Gewohnheit geworden, dass es Ihnen leichtfallen wird, verständlich und lebendig zu texten. Ihr Schreibstil wird ansprechender werden und gleichzeitig werden Sie bald weniger Zeit für das Schreiben benötigen.

Wir wünschen Ihnen dabei viel Spaß und viele aufmerksame, interessierte Leser!

Anhang

Lösung zu 3.2: Multiple-Choice Test

Lösungen: 1b) 2a) 3b) 4b) 5c) 6a) 7a) 8b) 9b) 10b) 11c)

Lösung zu 3.3: Sätze umformulieren

1. Satz
Verbesserungswürdiger Satz: Es wird *keine* Entlassungen geben.

Unser Vorschlag: Sie werden Ihren Job behalten.

2. Satz
Verbesserungswürdiger Satz: Ich möchte dir *nicht* zu nahe treten.

Unser Vorschlag: Ich möchte offen zu dir sein.

3. Satz
Verbesserungswürdiger Satz: Du brauchst *keine* Angst zu haben.

Unser Vorschlag: Nur Mut! Du hast es bald geschafft.

4. Satz
Verbesserungswürdiger Satz: Auf diese Art und Weise haben wir das immer gut hingekriegt.

Unser Vorschlag: So haben wir das immer gut hingekriegt.

5. Satz
Verbesserungswürdiger Satz: Hiermit teilen wir Ihnen mit, dass Sie gewonnen haben.

Unser Vorschlag: Sie haben gewonnen!

6. Satz
Verbesserungswürdiger Satz: Zum jetzigen Zeitpunkt kann ich keine interdisziplinären Interventionen empfehlen.

Unser Vorschlag: Momentan empfehle ich Ihnen eher Maßnahmen, die innerhalb der einzelnen Bereiche liegen, zum Beispiel …

7. Satz
Verbesserungswürdiger Satz: Hallo Markus, ich hatte dich bereits auf gefordert …

Unser Vorschlag: Hallo Markus, in meiner E-Mail vom … habe ich dich darum gebeten, …

8. Satz
Verbesserungswürdiger Satz: Sehr geehrte Frau Schneider, leider muss ich Ihnen mitteilen, dass das Seminar aktuell ausgebucht ist.

Unser Vorschlag: Sehr geehrte Frau Schneider, vielen Dank für Ihre Anmeldung zu … Aktuell ist das Seminar leider ausgebucht. Wir nehmen Sie auf die Warteliste und melden uns bei Ihnen, falls ein anderer Teilnehmer absagt und Sie teilnehmen können.

9. Satz
Verbesserungswürdiger Satz: Ich danke Ihnen für das entgegengebrachte Vertrauen und bitte Sie, sollten Sie zu diesem Thema oder darüber hinaus noch weitere Fragen haben, nicht zu zögern, mich unter der oben angegebenen Rufnummer oder E-Mail-Adresse zu kontaktieren.

Unser Vorschlag: Vielen Dank für Ihr Vertrauen. Haben Sie dazu Fragen? Dann melden Sie sich gern.

10. Satz
Verbesserungswürdiger Satz: Ich bitte um Verständnis dafür, dass ich im Nachhinein keine Änderung in unseren Abmachungen vornehmen möchte und erwarte Ihre baldige Antwort, um den Vorgang abzuschließen.

Unser Vorschlag: Bitte haben Sie Verständnis dafür, dass ich bei unserer Abmachung bleiben möchte. Geben Sie mir bitte bis zum … Bescheid, ob …

Lösung zu 3.4: Fachtexte umformulieren

Text 1: Winkelhalbierung

Verständlichere Textversion (Langer et al. 2015, 136):

1 Dieser Winkel soll halbiert werden.
2 Nimm dazu deinen Zirkel uns setze die Spitze in den Scheitelpunkt des Winkels.
3 Jetzt schlage einen Kreis um den Scheitelpunkt, so dass auf den beiden Schenkeln Schnittpunkte entstehen.
4 Setze die Zirkelspitze in einen dieser beiden Schnittpunkte und schlage um diesen Punkt einen Kreis. Behalte den gleichen Radius im Zirkel!
5 Setze die Zirkelspitze in den zweiten Schnittpunkt und schlage einen Kreis.
6 Verbinde die Schnittpunkte dieser beiden Kreise mit dem Scheitelpunkt.
7 Die entstandene Linie ist die Winkelhalbierende.

Text 2 (aus: Anleitung zur Einkommensteuererklärung aus dem Juli 2016)

Verständlichere Textversion – ein Vorschlag von uns:

Elektronische Übermittlung der Einkommensteuererklärung

Grundsätzlich gilt: Sie können Ihre Einkommensteuererklärung elektronisch an das Finanzamt übermitteln. In einigen Fällen ist die elektronische Übermittlung verpflichtend:

Sie sind verpflichtet, Ihre Einkommensteuererklärung elektronisch an die Finanzverwaltung zu übermitteln, wenn Sie folgende Einkünfte erhalten:

a) Einkünfte aus Land- und Forstwirtschaft
b) Einkünfte aus Gewerbebetrieb
c) Einkünfte aus selbständiger Arbeit

Wenn alle folgenden Voraussetzungen erfüllt sind, müssen Sie die Einkommensteuererklärung nicht elektronisch übermitteln:

1 Sie erzielen neben den gerade genannten Einkünften (a, b, c) auch Einkünfte aus nichtselbständiger Arbeit, für die der Arbeitgeber die Einkommensteuer abführt.
2 Die Summe der gerade genannten Einkünfte (a, b, c) ist positiv, jedoch nicht höher als 410 € im Jahr.

3 Die Summe der Einkünfte aus nichtselbständiger Arbeit ist positiv, jedoch nicht höher als 410 € im Jahr.

Um Ihre Einkommensteuer elektronisch zu übermitteln, benötigen Sie eine besondere Bescheinigung. Diese erhalten Sie, nachdem Sie sich auf der Internetseite www.elsteronline.de/eportal angemeldet haben. Bitte beachten Sie, dass der Anmelde-Vorgang bis zu zwei Wochen dauern kann. Programme zur elektronischen Übermittlung finden Sie unter www.elster.de/elster_soft_nw.php.

Text 3 (aus: Anleitung zur Einkommensteuererklärung aus dem Juli 2016)
Verständlichere Textversion – ein Vorschlag von uns:

Zeile 21 Behinderte Kinder

Kinder, die sich wegen

- körperlicher,
- geistiger oder
- seelischer Behinderung

nicht selbst finanziell unterhalten können, werden steuerlich berücksichtigt. Ein Kind kann sich nicht selbst finanziell unterhalten, wenn es seinen gesamten notwendigen Lebensbedarf nicht mit seinen eigenen Mitteln bestreiten kann. Es gelten die folgenden Altersgrenzen:

1 Kinder, bei denen die Behinderung vor Vollendung des 25. Lebensjahres eingetreten ist, werden ohne Altersbegrenzung berücksichtigt.
2 Kinder, bei denen die Behinderung vor dem 01.01.2017 nach Vollendung des 25. aber vor Vollendung des 27. Lebensjahres eingetreten ist, werden ebenfalls berücksichtigt.
3 Kinder, die nicht unter 1. oder 2. genannt sind, können bei Ihrer Einkommensteuererklärung nicht berücksichtigt werden.

Der gesamte notwendige Lebensbedarf besteht grundsätzlich aus zwei Elementen:

1 allgemeiner Lebensbedarf (Grundbedarf): Als Grundbedarf ist der Grundfreibetrag in Höhe von 8.652 € anzusetzen, wobei die eigenen finanziellen Mittel des Kindes zu berücksichtigen sind. Dies sind Leistungen Dritter an das behinderte Kind und das verfügbare Nettoeinkommen des behinderten Kin-

des. Das verfügbare Nettoeinkommen wird wie folgt berechnet: Zusammenzuzählen sind alle steuerpflichtigen und steuerfreien Einkünfte/Einnahmen sowie etwaige Steuererstattungen. Abzuziehen hiervon sind tatsächlich gezahlte Steuern sowie die verpflichtenden Vorsorgeaufwendungen (Beiträge zu einer Basiskranken- und Pflege-Pflichtversicherung und gesetzliche Sozialabgaben bei Arbeitnehmern).

2 individueller Mehrbedarf durch die Behinderung: Das betrifft z.B. Kosten für eine Heimunterbringung, Pflegebedarf in Höhe des gezahlten Pflegegeldes, ggf. Behinderten-Pauschbetrag.

Sie sind verpflichtet, alle Angaben auf einem gesonderten Blatt aufzuführen.

Lösung zu 3.5: E-Mails umformulieren

E-Mail 1

Anleitung zur Raumanfrage in Lotus Notes

Lieber Peter,

vielen Dank für deine Raumanfrage. Uns ist es wichtig, dich bei der Buchung von Räumen professionell zu unterstützen.

In Lotus Notes gibt es ein Formular, mit dem alle relevanten Punkte für die Anfrage erfasst werden. Bitte nutze dies, wenn du einen Raum brauchst. Die Anleitung hierfür erhältst du im Anhang.

Dies hat für dich den Vorteil, dass du am gebuchten Tag alles wie gewünscht vorfindest. Darüber hinaus erleichtert es unsere Arbeit.

Hast du dazu Fragen? Dann melde dich gern.

Viele Grüße

E-Mail 2

Änderung Ihrer Bankverbindung

Versicherungsschein Nr. 12345

Sehr geehrte Frau Maier,

vielen Dank für das freundliche Telefonat. Wie von Ihnen gewünscht haben wir Ihre Bankdaten aktualisiert.

Im Januar 2018 werden wir folgende Beträge von Ihrem Konto abbuchen:

- – 50,00€ für den Zeitraum 11.10.2017 bis 11.12.2017 (rückständige Prämie)
- – 25,00€ für den Zeitraum 11.12.2017 bis 11.1.2018 (laufende Prämie)

Bitte beachten Sie, dass unser Rechnungslauf am Ende des Monats stattfindet. Die Abbuchung finden Sie auf Ihrem Kontoauszug am Anfang des Folgemonats.

Haben Sie Fragen oder Wünsche? Rufen Sie uns gern an.

Mit freundlichen Grüßen

E-Mail 3

Sehr geehrte Frau Maier,

vielen Dank für Ihre E-Mail.

Sie teilten uns mit, dass Sie den Artikel Y an uns zurückgeschickt haben. Bislang ist Ihre Rücksendung beim Hersteller nicht eingetroffen.

Bitte senden Sie uns Ihren Ablieferbeleg, damit wir den Status Ihrer Retoure prüfen können. Vielen Dank für Ihre Mithilfe.

Falls Sie Fragen haben, melden Sie sich gern.

Mit freundlichen Grüßen

E-Mail 4

Ihre Fragen zur Beitragserhöhung

Sehr geehrter Herr Möller,

vielen Dank für Ihre E-Mail. Gern beantworten wir Ihre Fragen:

Zu Vertrag XYZ:
Der Versicherungsbeitrag richtet sich nach der Altersgruppe. Weitere Informationen können Sie der beigefügten Tabelle und den Versicherungsbedingungen entnehmen. Ihr Beitrag erhöht sich somit auf 22,70 €.

Zu Vertrag 12345:
Für Ihre Versicherung haben wir Ende Juni 2017 eine Gutschrift von 115,32 € auf Ihr Kreditkartenkonto 00123 überwiesen. Bitte wenden Sie sich an American Express, wenn Sie die Gutschrift nicht erhalten haben.

Haben Sie Fragen? Rufen Sie uns gern an.

Mit freundlichen Grüßen

E-Mail 5

Sehr geehrte Frau Steck,

vielen Dank für Ihre E-Mail vom 02.09.2017. Es tut uns leid, dass Ihre Bestellung vom 30.08.2017 bei uns nicht eingegangen ist. Bitte bestellen Sie die gewünschten Artikel erneut unter: www.firma.de.

Sobald Ihr Auftrag vom 02.09.2017 versendet wird, erhalten Sie eine Nachricht. Wenn Sie Fragen zum Bestellvorgang haben, rufen Sie uns gern unter … an.

Mit freundlichen Grüßen

Lösung zu 3.6: Briefe umformulieren

Brief 1

Sehr geehrter Herr Schmidt,

vielen Dank für Ihre Beitragszahlung in Höhe von 100 € für den Monat März 2017.

Da Ihre Beiträge für die Monate April bis Juni 2017 noch nicht bei uns eingegangen sind, haben Sie momentan keinen Versicherungsschutz.

Bitte überweisen Sie 300 € bis zum xx.xx.2017 auf unser Konto, damit Sie wieder versichert sind. Geben Sie als Verwendungszweck bitte Ihre Versicherungsscheinnummer an. Vielen Dank.

Haben Sie dazu Fragen? Dann rufen Sie mich gerne an.

Mit freundlichem Gruß

Brief 2

Auflösung Ihrer Verträge
Ihr Schreiben vom 05.09.2017

Sehr geehrte Damen und Herren, vielen Dank für das persönliche Gespräch mit Frau Müller.

Sie möchten das Vertragsverhältnis für folgende Immobilien zum 31.12.2016 beenden:

- ZE 99862 – Nelkenweg 2
- ZE 99863 – Rosenweg 4
- ZE 99866 – Blumenstraße 6
- ZE 99867 – Tulpenweg 8

Für diese Immobilien bestehen Verträge, die teilweise erst im Dezember 2020 enden. Aus den Restlaufzeiten dieser Verträge steht uns noch ein Anspruch von ca. 30.000 € zu.

Sofern Sie vorzeitig aus den Verträgen entlassen werden möchten, ist dies für eine Einmalzahlung von 15.000 € möglich. Hierbei haben wir berücksichtigt, dass der Eichaustausch teilweise nicht erfolgt ist.

Die Abrechnungskosten für 2016 erhalten Sie zusätzlich in Rechnung gestellt.

Bitte beachten Sie, dass sich die Vertragsbeendigung auch auf die Stromabrechnungen der Immobilien ZE 99862 – Nelkenweg 2 und ZE 99863 – Rosenweg 4 erstreckt.

Teilen Sie uns bitte Ihre Entscheidung bis zum … mit. Sollten wir bis dahin nichts von Ihnen hören, enden die Verträge zum regulären Zeitpunkt.

Mit freundlichen Grüßen

Brief 3
Sehr geehrter Herr Maier,

vielen Dank für das [ggf.: freundliche] Telefonat.

Sie beantragten die Kostenübernahme für Ihre Zahnimplantate. Um Ihren Antrag zu prüfen, baten wir Herrn Dr. Walter Möller, ein Gutachten zu erstellen. Er kommt zu dem Ergebnis, dass in Ihrem Fall eine Versorgung mit konventionellem Zahnersatz möglich und ausreichend ist.

Bitte haben Sie Verständnis dafür, dass wir daher die Kosten für Zahnimplantate nicht übernehmen können.

Entscheiden Sie sich dennoch für Implantate, erhalten Sie einen Festzuschuss, den Sie auch für den konventionellen Zahnersatz erhalten würden. Bitte senden Sie uns hierzu einen vertraglichen Heil- und Kostenplan.

Eine Kopie des Gutachtens, unser Beratungsblatt „Zahnersatz" und die Ausnahmevoraussetzungen für Implantate habe ich Ihnen beigefügt.

Ein Hinweis für Sie: Alle Folgekosten, die im Zusammenhang mit den Implantaten entstehen, haben Sie selbst zu tragen.

Haben Sie Fragen? Rufen Sie uns gerne an.

Mit freundlichen Grüßen

Brief 4

Immobilie: Nelkenweg 4, 99999 Musterstadt
Ihr Schreiben vom 21.12.2017

Sehr geehrte Frau Müller, sehr geehrter Herr Müller,

vielen Dank für Ihr Schreiben vom 21.12.2017. Bitte entschuldigen Sie unsere fehlerhafte Auskunft.

Unser Außendienst bestätigte, dass Ihre Wärmezähler keine Stichtagswerte speichern. Daher sind Ihre Werte vom 18.10.2015 in Ihrer Abrechnung berücksichtigt worden.

Der Ablesezeitpunkt ist gesetzlich an keinen Stichtag gebunden. Die Messgeräte können binnen vier Wochen vor und nach dem Ende des Abrechnungszeitraumes abgelesen werden.

Haben Sie Fragen? melden Sie sich gern.
Mit freundlichen Grüßen

Brief 5
Korrektur unserer Leistungsrückforderung
Ihre Auslandskrankenversicherung

Sehr geehrter Herr Eiche,

vielen Dank für Ihr Schreiben vom 25. Januar 2017. Gern beantworte ich Ihre Fragen:

- Sie sind seit ... mit einer Anwartschaft eingestuft. Daher hat auch Ihre Tochter keinen Anspruch auf Leistungen für ihre Behandlung am 23. Februar 2016.

- Mit Hilfe Ihrer Unterlagen konnten wir unsere Leistungsrückforderung vom ... berichtigen. Somit besteht eine offene Forderung von 34,53 €. Bitte überweisen Sie diesen Betrag bis zum ... auf unser Konto.

- Ihre Unterlagen für die Auslandskrankenversicherung haben wir an unser Fachzentrum weitergeleitet. Dort wird geprüft, ob wir die Kosten für Ihre Behandlung am 9. September 2016 übernehmen können. Unsere Kollegen werden sich innerhalb der nächsten 14 Tage direkt bei Ihnen melden.

Haben Sie Fragen? Dann melden Sie sich gern.

Mit freundlichem Gruß

Literatur

Beck, U., Beck-Gernsheim, E. (2005): Das ganz normale Chaos der Liebe. Suhrkamp, Berlin

Bozek, P. (1992): 50 Ein-Minuten-Tipps für erfolgreiche Kommunikation. Ueberreuter, Berlin.

Corssen, J. (2006): Als Selbst-Entwickler zu privatem und beruflichem Erfolg. Ein Gespräch mit Jens Corssen. Hörbuch. CampfireMedia, Dargow

Falk, R. (2016): Knödel-Blues. dtv, München

Kreutzer, R., Land, K.-H. (2015): Dematerialisierung. Die Neuverteilung der Welt in Zeiten des digitalen Darwinismus. Future Vision Press, Köln

Langer, I., Schulz von Thun, F., Tausch, R. (1974/2015): Sich verständlich ausdrücken. 10. Aufl. Ernst Reinhardt, München

Lohnsteuerkompakt (2017): Anleitung zur Einkommensteuererklärung 2016. In: www.lohnsteuer-kompakt.de/redaktion_lk/wp-content/…/Anltg_ESt_16.pdf, 16.11.2017

Ministerium für Inneres, Digitalisierung und Migration Baden-Württemberg (2014): Änderung der Wahlordnung zum Landespersonalvertretungsgesetz beschlossen

Muschitz, M. (2010): Klartext schreiben im Business. So formulieren Sie Ihre Texte schneller, verständlicher und wirksamer. Gabal, Offenbach

Pörksen, B., Schulz von Thun, F. (2014): Kommunikation als Lebenskunst, Carl-Auer, Heidelberg

Schäfer, G. (2015): Ein bisschen dumm stellen. Technische Kommunikation 3/2015. In: www.tekom.de/fachartikel/anwenderunterstuetzung/ein-bisschen-dumm-stellen.html, 12.10.2017

Schulz von Thun, F. (1989): Miteinander reden 2. Stile, Werte und Persönlichkeitsentwicklung, Rowohlt, Reinbek

Schulz von Thun, F. (1981): Miteinander reden 1. Störungen und Klärungen. Rowohlt, Reinbek

Sick, B. (2014): Der Dativ ist dem Genitiv sein Tod. 43. Aufl. KiWi, Köln

Zimmermann, G. (2005): Texte schreiben – einfach, klar, verständlich. Business Village, Göttingen

Sachregister

Widmung und Dank

Für unsere Kinder

Nina und Nora,

Anna-Lena und Jan

Wir, die Autorinnen Katrin Baum und Cornelia Deeg, lieben unseren Beruf als Kommunikationstrainerin. Doch was wäre unser berufliches Wirken ohne die Methoden und Modelle von Professor Friedemann Schulz von Thun? In jedem Seminar, das wir leiten, in jedem Coaching, das wir durchführen, fühlen wir uns durch seine Kommunikationspsychologie bereichert. Ohne ihn wäre dieses Buch nie entstanden – und vermutlich wären unzählige Texte viel weniger verständlich. Darüber hinaus stand er uns während der Arbeit an diesem Buch als Mentor zur Seite, was wir großartig finden. Danke!

Hamburg, Dezember 2017 — Katrin Baum und Cornelia Deeg

Leseprobe

Leseprobe aus

Inghard Langer / Friedemann Schulz von Thun / Reinhard Tausch: Sich verständlich ausdrücken

Einleitung: „Das habe ich nicht verstanden"

Was hat uns veranlasst, dieses Buch zu schreiben? Ein wichtiger Grund war: Uns selbst fiel es oft schwer, Sachbücher und Sachtexte richtig zu verstehen. Viele Stunden haben wir uns vergeblich bemüht, komplizierte Darstellungen zu begreifen. Oft waren wir verzweifelt und entmutigt. Einer von uns – Reinhard Tausch – erlebte besonders eindringlich die schlechte Verständlichkeit von Schulbüchern: „Es war für mich ein Schlüsselerlebnis. Meine eigenen Kinder baten mich des Öfteren bei ihren Schularbeiten um Hilfe, in Erdkunde, Physik, Geschichte oder Fremdsprachen. Aber auch ich konnte ihre Schulbücher nicht verstehen. Ich konnte ihnen anhand ihrer Lehrtexte z. B. nicht erklären, was es mit den Strahlengesetzen oder der Mondfinsternis auf sich hatte – obwohl ich Professor an einer Universität war."

Ein zweiter wichtiger Grund für unser Buch: Wir hatten oft in Schulen beobachtet, dass ein Teil der Lehrer sich ziemlich unverständlich ausdrückte – auch bei einfachen Informationsinhalten. Daraus ergaben sich viele Schwierigkeiten zwischen Lehrern und Schülern. Die Schüler erreichten nur geringe Leistungen und waren – ebenso wie ihre Lehrer – unzufrieden mit dem Unterricht. Da nützte es auch nichts, wenn ein Lehrer freundlich und hilfsbereit war und sich den Schülern gegenüber partnerschaftlich verhielt – das konnte seine Schwerverständlichkeit nicht ausgleichen. Mancher Lehrer drohte zu scheitern, nur weil er nicht geübt war, sich verständlich auszudrücken.

Und drittens: Auch außerhalb von Schule und Hochschule gibt es oft Gelegenheit, zu sagen: „Das habe ich nicht verstanden." Denn vieles Wichtige wird geschrieben und gesprochen: von der Arbeitsplatzbeschreibung bis zur Zukunftsplanung, über Neuigkeiten in der Welt, Beschreibungen von Vorgängen, Erklärungen von Sachverhalten, Regelungen von Rechten und Pflichten. All dies zu einer Fülle von Gebieten: Politik, Wirtschaft, Wissenschaft, Technik, Hygiene, Recht, Zusammenleben. Bücher, Zeitungen, Zeitschriften, Formulare, Protokolle, Prospekte, Broschüren sind voll davon.

Jeder Bürger muss viel lesen und verstehen, um sachkundig handeln zu können. Aber das wird ihm nicht leicht gemacht. Er muss sich hindurchbeißen durch verschachtelte Satzkonstruktionen und durch unnötig komplizierte Wörter und Wortgebilde. Er muss verworrene Gedankengänge der Autoren mitmachen und ihnen bei den Irrfahrten weitschweifiger und umständlicher Erklärungen folgen. Hier stöhnt fast jeder. Viele bleiben auf der Strecke. Etliche geben es ganz auf, sich zu informieren.

Das ist schade; denn wer sich unzureichend informiert, wird leicht benachteiligt – in materieller Hinsicht und in der Nutzung von Rechten. Hunderttausende von Arbeitnehmern z. B. lassen sich größere Geldbeträge entgehen, wenn es um den Lohnsteuerjahresausgleich oder das prämienbegünstigte Sparen geht. Die Antragsformulare und die Erläuterungen dazu sind zu schwer verständlich. Sie schrecken viele ganz ab und verhindern bei anderen – weil nur Teile verstanden werden – die volle Nutzung gesetzlich geschaffener Vorteile.

Denken wir weiterhin an Schulbücher, Hochschultexte, Fernlehrkurse, behördliche Verordnungen, Politik- oder

Wirtschaftsteile anspruchsvoller Zeitungen, an die Verkündung neuer Ideen über Staat und Gesellschaft, an Gebrauchsanweisungen für Haushaltsgeräte – dann steht uns das Problem in seiner ganzen Bedeutung plastisch vor Augen: die Schwerverständlichkeit von Texten.

Warum sind viele Texte so schwer zu verstehen?

Früher glaubten wir, unsere Verständnisschwierigkeiten lägen an uns selbst – an unserer mangelnden Begabung, komplizierte Sachverhalte zu begreifen. Oft hörten wir auch das Argument: „Der Grund für Schwerverständlichkeit liegt in der Sache. Schwierige Dinge lassen sich eben nicht einfach erklären."

Als wir uns aber näher mit dem Problem der Verständlichkeit befassten, gewannen wir allmählich einen anderen Eindruck. Heute ist unsere Auffassung: Wenn ein Text schwer zu verstehen ist, so liegt das in den wenigsten Fällen an seinem Inhalt. Der Inhalt ist meistens gar nicht so kompliziert. Er wird erst kompliziert gemacht – durch eine schwer verständliche Ausdrucksweise. Und auch wirklich schwierige Sachverhalte lassen sich bei einigem Bemühen oft mit einfachen Worten verständlich erklären. Schwerverständlichkeit beruht weniger auf dem Was, sondern auf dem Wie, nicht auf dem Inhalt, sondern auf der Form eines Textes.

Warum drücken sich viele so schwer verständlich aus?

Manchen ist das Problem gar nicht bewusst. Sie schreiben darauflos, wie ihnen die Sätze und Worte einfallen, wie ihnen „der Schnabel gewachsen ist". Sie berücksichtigen nicht, wie ihre Ausdrucksweise beim Leser ankommt.

Andere Schreiber oder Redner streben absichtlich

Schwerverständlichkeit an. Sie glauben, ein schwer zu verstehender Text mache mehr Eindruck und erwecke Ehrfurcht und Achtung beim Leser oder Zuhörer. Indem sie sich schwer verständlich ausdrücken, wollen sie sich als Personen mit großen geistigen Fähigkeiten darstellen. Wir hoffen, dass in Zukunft eine solche Textgestaltung keine Ehrfurcht mehr erweckt, sondern den Eindruck: Dieser Autor ist ziemlich rücksichtslos oder unfähig, sich in seine Leser und Zuhörer hineinzuversetzen. Wir hoffen, dass Leser und Zuhörer künftig nicht mehr bereit sind, diese Art des Schreibens und Redens hinzunehmen, dass sie es vielmehr leid sind, unnötig und zusätzlich zu arbeiten, um einen Text zu „entschlüsseln“.

Wieder andere Schreiber oder Redner drücken sich absichtlich schwer verständlich aus, weil sie ihre Leser oder Zuhörer in Unwissenheit belassen wollen, z. B. um sie zu übervorteilen. So ist das Kleingedruckte in manchen Verträgen auch „kleinverständlich“. Wir finden es wichtig, dass Leser und Hörer erkennen: Mangelnde Verständlichkeit dient möglicherweise dazu, ungerechte Vorteile zu tarnen.

(...)